JN440178

아내와 함께 자택에서(2005년 9월29일)

도문시 제2중학교에서 시에 대해 강의중(2004년)

아내가 보내준 사진(1955년). 그때 사진관에서는 흑백사진에 색깔을 칠해주는 봉사가 있었다. 바로 이 사진 뒤에 <그대에게>를 썼다

사범학교 졸업할 무렵 멋을 부려서 찍은 사진(1954년)

결혼사진(1960년 1월29일)

1960년대 중후반 연길에서 찍은 독사진을 합성. 아버지와 어머니 두 분만 찍은 사진이 없어서 아들애가 포토샵으로 합성했다.

앞줄 왼쪽부터 큰아들 영혁, 어머니 최세옥, 작은 아들 동혁, 아버지 리운손, 딸 은경. 뒷줄 왼쪽부터 아내 김세영, 필자, 여동생 순복. 그 시절 마오쩌둥 주석 빳지를 가슴에 다는 것이 유행이었다(1969년).

1961년 2월2일, 밀산에서의 가족사진. 당시 아내는 맏아들(5월출산) 임신중이었다. 결혼후 처음 내 집에 갔는데 시어머니, 시누이와는 첫 만남이었다. 앞줄 왼쪽부터 여동생 리순복, 어머니 최세옥, 아버지 리운손, 뒷줄 왼쪽부터 아내 김세영, 필자.

1956년 2월 4일 약혼사진. 마음 허락은 전 해에 했고 이것은 기념사진이었다. 그 시절 우리는 다 학교에서 교원으로 일했다.

1961년 여름에 대학을 졸업하고 집에 가서 맏아들을 처음 만나서 찍은 가족사진.

結婚証

字第　　号

女　現年　　岁自愿結
男

婚，经审查合于中华人民共和国婚姻法关于结婚的规定，发给此証。

[illegible]人民委员会

乡(镇)长

195　年　月　日

1959년 말에 발급된 결혼증

잃었다가 되찾은 목걸이

그대에게

내, 여태껏 그대의 모습보다
아름다운 그림은 찾아보지 못했노라.

내, 여태껏 그대의 마음보다
정다운 여정시는 읽어보지 못했노라.

내, 만약 아름다운 그대 모습 그린다면
그대의 정다운 마음씨는 어찌하랴.

내, 만약 절절한 사랑의 시 쓴다면
[illegible] 마냥 울었음에 붓을 놓지 못하리라

아내 사진 뒤에 적었던 <그대에게>를 수첩에 정서한 것.

달빛이 차고

창가에는 은은한 달빛이 차고
내 가슴엔 절절한 그리움이 넘치네

봄바람이 살구나무 가지 흔드니
처음 만나던 그대 손길 생각나네

정다운 목소리 창문을 두드리는가
내다 보니 둥근 달이 방그레 웃는구나

사진을 손에 쥔채 잠들었더니
꿈에는 달을 안고 [illegible]

연애시절에 썼던 시를 수첩에 옮긴 것.

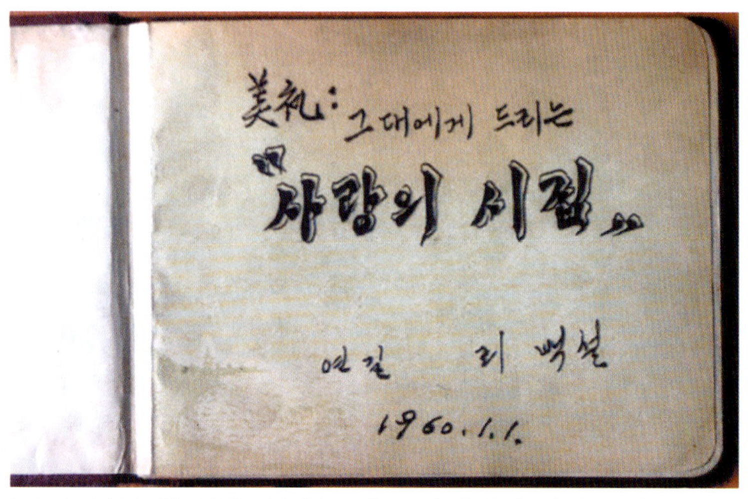

스스로 만든 첫 시집. 미례는 내가 아내에게 달아준 다른 이름.

그대는 달

이상각 에세이

그대는 달

문학사계

책머리에

나는 뽀뽀(키스)가 뭔지 모르면서 연애를 했었다. 울 어머니가 나에게 한 번도 뽀뽀를 해주지 않아서 키스가 뭔지 모르고 자랐다. 그만큼 우리의 사랑은 순하디 순한 것이어서 그저 마음으로 그리움을 이겨내는 긴 연애생활을 했었다.

가정을 이룬 뒤에는 일희일비의 감정이 얽히고설켜서 늘 아내의 고생을 눈물로 지켜보며 애정시를 쓰곤 했다. 나의 애정시는 사랑하는 사람이 만들어준 것이며 따라서 아내가 나를 시인으로 키워준 것이다.

중국 특색의 사회생활에서 우리의 애정생활도 중국 특색이 있는 건지 모른다. 가정출신의 보따리를 걸머지고 속으로 눈물을 삼키는 아내의 마음고생, 게다가 지식인들을 마구 짓밟는 참혹한 정치운동에서 청춘을 보내고 나니 어느 사이에 고희를 넘겼다.

이제는 살아갈만하니깐 사랑하는 마음으로 아내를 '집안의 해' 니 '달' 이니 읊었는데 아내에게 갑자기 정신장애가 온 것이다. 누군가 이유도 없이 내 아내의 총명과 활기와 고운 마음씨를 죄다 걷어간 모양이다.

나는 갑자기 불어 닥친 불행에 당황하다가 사랑의 수필집을 써서 아내를 위로해주기로 했다. 혹시 그 어떤 기적이라도 나타나지 않을까? 아내가 초고를 읽어보면서 웃기도 하고 울기도 했으니 저으기 기뻤다.

고맙게도 황송문 시백님께서 졸저를 귀히 여기고 출간

해주시니 참으로 고마운 마음 그지없다. 『문학사계』 출판사에 거듭 감사를 드리는 바이다.

리상각
2007년 9월 1일 중국 연길 자택에서

차 례

책머리에 —— 5

Ⅰ. 그대는 달

시골 소녀들 —— 13
영생의 꽃이여 —— 17
가슴에 품은 달 —— 19
첫 방학 —— 22
뜻밖에 받은 칭찬 —— 27
시낭송 서클 —— 30
듣기 좋은 '고진감래' —— 32
글쪽지 —— 34
화학실험실 —— 37
반성 —— 41
기차는 떠난다 —— 43
그대는 달 —— 46

Ⅱ. 온 몸으로 온 마음으로

회답편지 —— 53
뜨락에 달빛이 차고 —— 58

님을 괴롭히다 —— 59
더욱 불타는 사랑의 불길 —— 63
그대에게 —— 65
첫 키스 —— 67
목걸이 —— 69
온 몸으로 온 마음으로 —— 71
편지 귀퉁이 —— 74
일기책 도난사건 —— 76
상봉 —— 79
낭만 —— 82
좌절과 고민 —— 84
사직서 —— 87

Ⅲ. 어디로 갈 것인가

얼음과자 —— 93
대학에서 4년 —— 95
처갓집—— 98
가난한 처갓집 —— 100
사돈보기 —— 103
결혼 —— 106
한복 —— 109
아들 —— 112
어디로 갈 것인가 —— 115
아내의 전근 —— 119
집 —— 122

공작대원이 되다 —— 127

Ⅳ. 반세기가 지나서야 알게 된 이야기

대동란 시기에 있은 일 —— 133
우리 집 비밀 —— 138
괴짜 아들 —— 140
대성통곡 —— 145
서로 다르다 —— 148
수줍어하다 —— 151
남모르는 고통 —— 155
진실한 아내 —— 159
결혼증 —— 161
공직에서 물러난 아내 —— 164
시아버지와 며느리 —— 167
춘향을 봤다 —— 170
모호한 짝사랑 —— 172
꿈 —— 174
부탁 —— 176
바나나 —— 177
병원 의사의 말 —— 183
반세기가 지나서야 알게 된 이야기 —— 186

해설 | 아내에게 바치는 노래 (황송문) —— 189

Ⅰ. 그대는 달

시골 소녀들
영생의 꽃이여
가슴에 품은 달
첫 방학
뜻밖에 받은 칭찬
시낭송 서클
듣기 좋은 '고진감래'
글쪽지
화학실험실
반성
기차는 떠난다
그대는 달

시골 소녀들

어릴 적부터 나는 계집애들을 좋아했다. 그만큼 계집애들도 나를 좋아했다. 계집애들과 놀기는 남자애들과 노는 것보다 더 재미있다. 중국 고전소설 「홍루몽紅樓夢」에 나오는 주인공 가보옥賈寶玉이 그랬다. 남자는 흙으로 만들었고 여자는 물로 만들었다면서 더러운 흙인 남자들과 놀자면 가슴이 답답하고 맑은 물인 여자들과 놀면 즐겁다나?

나는 가슴이 답답하기보다 남자들과 놀자면 두려움이 앞서곤 했다. 외아들이고 약골인 나는 힘센 애들을 만나면 놀림을 받기가 일수다.

울 어머니가 누룽지에 사탕가루를 발라준 걸 들고 다니며 자랑을 하다가 뒷집 애의 위협을 받았다.

"너 그 누룽지를 매일 아침 나에게 갖다 주지 않으면 때리겠다!"

그 바람에 나는 무서워서 며칠 동안 몰래 누룽지를 날라다 준 적이 있다.

사내애들이 고기잡이를 나가면 나는 계집애들과 더불

어 "봄이 왔다, 봄이 왔다"하고 노래를 부르면서 손뼉을 쳤고 개울가에 나가 발을 물에 잠그고 물장구도 쳤다. 계집애들과 놀면 항상 깔깔 웃는 즐거움이 있다. 수건돌리기도 하고 공기질도 했다. 재미있게 놀다가도 새롱해서 계집애들을 울리기도 했다. 하룻밤 자고 나면 후회가 돼서 화해한다. 이렇게 자주 놀다보면 정이 들어 하루라도 만나지 못하면 그리워진다.

계집애들도 나하고 마찬가지 심정이었을까?

어느 날 계집애들이 우리 집 먼발치에 모여와 소리를 지른다.

"리-상-봉(나의 아명)!"

와와 외친다. 나는 아버지 눈이 무서워 곧장 뛰어나가지 못한다. 이 놈이 뭐가 모자라서 계집애들과 노는가 하는 눈치다.

나는 아버지의 눈치를 살살 보다가 가만가만 집을 빠져나와 계집애들께로 갔다. 누가 주모자인지 모르겠다. 그중 장난이 심한 채금이가 뒷짐 지고 허리를 구부리고 늙은이걸음을 흉내낸다.

"에헴, 에헴, 왜 인제야 왔노?" 하고 놀려준다.

내 걸음이 좀 구부정한 늙은이걸음이라고 놀려주는 것이다.

"오늘 그저 놔두지 않겠다!"

소리를 치며 계집애들을 잡으러 가다가 끌신이 벗겨졌다. 어느새 옥이가 그걸 주워 와캉(늪)에다 집어던진다. 이번엔 돌따서서 옥이를 붙잡으러 뛰어갔다. 계집애들이 동서남북으로 흩어져 놀려준다.

별수 없다. 나는 와캉에 뛰어들어 개발헤엄을 치며 끌신을 건져냈다. 채금이와 옥이가 다가와 굽석 경례를 하며

"잘못 했음. 벌을 받겠음." 한다.

내가 어찌 성을 낼 수 있으랴?

시골의 십대 소녀들은 자주 개울에 나와 빨래질을 했다. 그러면 내가 물에 조약돌을 던지며 애를 먹이곤 했다. 옥이는 성낼 대신 돌아보며 생긋 웃는다. 그 생긋 웃는 웃음이 평생 즐거운 추억으로 남아있다.

뒷집 정자네 엄마가 어느 날 우리 집에 와서 장차 나를 사위로 삼았으면 좋겠다고 농담인지 진담인지 알 수 없는 말을 했다. 나의 어머니는 엄한 아버지와는 달리 내가 계집애들과 노는 것을 아주 좋아한다. 내가 여자 애들 무리에서 인기가 높은 것을 자랑스러워하는 듯 했고 은근히 며느릿감을 엿보는 것 같다. 이런 일이 있은 뒤로 나는 계집애들과 노는 것이 괜히 어색해졌다.

열세 살에 나는 초급중학교에 입학했다. 어린 나이에 집을 떠난 나는 이불 속에서 부모님이 보고 싶어 쿨쩍쿨쩍 울기도 했고 시골소녀들을 그리워도 했다. 그리움을 삭여낼 방도가 없어 계집애들에게 짤막한 편지를 띄우기도 했다. 애들의 이름을 가지고 농담을 하는 엉터리 '시'들이었다.

방학에 마을로 돌아왔다. 친구 집에 놀러갔는데 나하고 자주 놀던 여자 애들이 우르르 몰려들었다. 그 애들도

내가 무척 그리웠던 모양이다. 옥이가 재잘거린다.

"소학교 때 나는 상각이 하고 짝을 맞춰 춤을 췄지. 참 재미있었어. 편지를 고맙게 받고서도 부끄러워 회답을 못했어."

편지는 비밀히 부친 건데 이렇게 공개되니 무척 부끄러웠다.

나는 이성이 뭔지 모르는 애송인데 왜 이처럼 계집애들을 좋아했는지 하느님이나 알 노릇이다. 내가 초급중학교를 졸업하고 사범학교로 갔을 때 시골소녀들은 뿔뿔이 헤어졌다. 이사를 떠나기도 했고 시집을 가기도 했다. 누구는 군인과 약혼을 했고 누구는 불행하게도 계모로 들어갔단다. 나를 기다린 소녀는 있는 것 같지 않은 데도 나는 왜 그녀들을 잊지 못할까?

사범학교로 가니 나의 마음을 온통 사로잡은 예쁘고 총명한 소녀가 있었다. 이것도 운명이라 할까? 내 사랑은 그녀와 함께 꽃피어났지만 나는 그 시골소녀들의 이름을 평생 잊지 못하고 시골소녀들을 노래하는 시를 많이도 썼다. 「영생의 꽃아」, 「민들레야」와 같은 시편들이 그러한 작품이다.

영생의 꽃이여

진작 너는 시들어버렸는지 모른다
지금은 내 맘속에 활짝 피어 웃고 있다
이슬에 푹 젖은 시골의 푸른 숲속에
홀로 피어 나를 불러주던 함박꽃아

차마 잊지를 못한다
발그레한 꽃잎파리의 싱싱함과
싱그럽게 흐뭇한 향기와
수줍어 머리를 갸우뚱 숙인 모양과
내 발목을 휘어잡던 너의 매력을

즐거운 푸른 들 한때를 떠올리면
눈앞이 환하게 밝아오누나
추억의 베개머리는 눈물에 흠뻑 젖는다

진작 너는 시들어버렸는지 모른다
지금은 내 맘속에 활짝 피어 웃고 있다

밤이고 낮이고 줄달음치는 그리움으로
아, 나를 괴롭히는 영생의 꽃아.

가슴에 품은 달

상지尙志사범학교 개학식 날, 누군가 목단강牧丹江 중학에서 온 순덕이라는 여학생의 독창을 요청했다. 좌석 앞자리에서 키가 자그마하고 두 눈이 초롱초롱한 앳된 단발머리 여학생이 서슴없이 일어서서 무대로 올라갔다. 그때 나도 나이 어리고 키가 작아서 앞자리에 앉아있었다.

그녀는 챙챙한 목소리로 민요 〈한강수야〉를 멋지게 불렀다. 박수가 터지고 절찬이 쏟아졌다. 그 용모와 그 목소리는 나에게 깊은 인상을 남겼다. 나의 어린 가슴에서 반짝거리던 잔별들을 물리치면서 환한 달이 떠오른 것이다. 아무도 모르게 내 가슴에 숨어있는 달, 이런 걸 짝사랑이라 하던가?

나는 학창시절에 낙후분자다. 6년 품을 들여 초등중학교와 사범을 다 다니도록 엔간한 사람이면 다 드는 공산주의청년단에도 들지 못하고 뒷장만 보다가 사범학교를 졸업할 때에야 겨우 공청단에 입단했다. 그 흔한 반장이니 학생회 회장이니, 무슨 위원이니, 심지어는 학습소조장이니 하는 것과도 인연을 맺지 못했다. 그저 배짱 하나만 두둑해 가지고 선생이건 상급생이건 가리지 않고 눈에 거슬리는 일이 있기만 하면 사정없이 달려드는 괴짜였다. 수업시간에도 본과학습은 게을리 하고 문학작품을 책상 밑에 두고 몰래 보곤 했다.

순덕이는 목단강초급중학교의 400여명 졸업생 중에서 본과 1등, 최우등생으로 졸업한 수재란다. 다른 학생 같으면 벌써 한족 고등중학교나 조선족고급중학으로 올라갔을 텐데, 가정성분이 나빠서 사범으로 왔다고들 했다. 참말일까? 그렇다면 보통의 여학생이 아니다. 오르지 못할 나무는 쳐다보지도 말라는 말이 있다. 물론 나는 그녀와의 사랑을 생각한 것이 아니라 그저 흠모했을 뿐이었다. 언감생심으로.

운이 좋게도 나는 1학년 첫 학기 시험성적이 우리 반에서 제일 좋았다. 게다가 사범에서는 내가 밀산密山초등중학교를 다닐 때 학생작문콩쿠르에서 일등상을 받았다는 소문이 돌았다. 밀산에서 같이 온 동창생들이 퍼뜨린 소문이다.

나는 또 일기도 쓰고 독후감도 쓰기를 좋아했다. 생활에서는 늘 자신감이 없었지만 이처럼 문학에서는 자존심을 한껏 키웠다.

순덕이와는 사랑은커녕 우정의 문도 열리지 않았다. 말 한 마디 주고받은 적 없이 그저 먼발치에서 멀거니 바라볼 뿐이다.

첫 방학이 되었다. 학교 당국에서는 차비가 없어서 집

으로 가지 못하는 학생들은 학교 기숙사에 남아있어도 괜찮다고 했다. 내가 첫 사람으로 자보했다. 남은 학생들은 모두 합쳐서 15명. 차비를 마련하지 못할 지경으로 가난해서 그리운 집으로 갈 수 없는 학생들이 학교에 남았다.

바로 1951년 겨울에 일어난 일이다. 헌데 인생에는 우연이라는 게 있는 모양이다.

첫 방학

그「한강수야」노래를 부른 순덕이도 집으로 가지 않는다지 않는가? 그녀의 집은 상지에서 멀지 않은 해림海林인 데도 가지 않는다고 한다. 지난 한기에 그녀는 앓아서 한 달 동안 집에 가 있다가 돌아와서도 각 과목에서 모두 만점을 따내 크게 소문을 냈었다.

아무튼 순덕이도 학교에 남았고 나도 학교에 남았다. 결국에는 가난이 우리 둘을 한 걸음 다가서게 한 것이다.

나는 즐거운 기분으로 둥둥 떠 있다 보니 집에다 못 간다는 소식을 알려야 한다는 것마저 가맣게 잊어버렸다. 그 바람에 아버지가 왕복 30리나 되는 기차역전으로 무려 일곱 번이나 다녀왔다 한다. 그것도 밤중에 말이다. 아마도 차비가 없는 모양이라고 아버지께서 돈 30만원(많은 것 같아도 구식 인민폐였기에 신식 인민폐로는 고작 30원이다)을 보내셨는데, 그 돈이 상지로 오지 않고 엉뚱하게 영안寧安중학교로 가버렸다. 후에 알고 보니 배달부에게 돈을 맡겨 인편으로 보낸 셈이었는데, 그 배달부가 꿀꺽 삼켰다가 들통이 나니 다시 돈을 부쳤다 한다.

재수 없게 일이 꼬이기는 했으나 다행히도 풀릴 구멍이 없지도 않았다.

당시 영안중학교의 교장선생님인즉 바로 전에 밀산중학교 교장으로 계시면서 나의 작문과 동화들을 많이 칭찬해준 주호을 선생님이었던 것이다. 옛 제자가 어디로 갔는지 아시는 그 분이 그 돈을 다시 상지사범으로 부쳐주는 덕분에 내가 돈을 고스란히 받기는 했으나, 때는 새 학기가 시작된 지도 몇 달이 지난 뒤였다

돈이 없어 여러 모로 어렵기는 했으나 순덕이도 집으로 가지 않는다니 슬그머니 기분이 좋기만 했다. 헌데 그녀는 나를 좋아할까? 그녀는 벌써 목단강초급중학 시절에 일찍 공청단에 가입했고 나는 여전히 입단하지 못했다. 언제 입단할지도 모른다.

우리 남학생들은 걸핏하면 여학생숙소로 가서 화투치기, 트럼프치기를 놀았다. 설날은 어느 때보다도 즐거웠다. 남자는 여자의 위안이고 여자는 남자의 위안이었다. 그렇지 않고서야 그렇게 어려운 학습생활을 하다가 텅텅 빈 학교에 남아서 무슨 재미로 지루한 나날을 보내겠는가?

설날부터 연거푸 사흘이나 계속 "뽀즈(찐 만두)"를 먹었다. 우리 친구 하나가 트럼프를 치면서 한 마디 내뱉었다.

"야, 오늘은 마지막 뽀즈를 실컷 먹어야겠다."

그 바람에 우리 모두 멍해졌다. 친구도 아차 실수를 했음을 깨닫고 입을 다물지 못하고 있다가 얼굴이 홍당무

로 되고 말았다. 여자들이 와-하고 웃음을 터뜨리자 우리도 낄낄거렸다.

지난 학기 생물과를 배울 때 있은 일을 내가 옛말 삼아 얘기해서 모두들 또 한바탕 웃었다. 생물과 최 선생이 칠판에다 강의고를 썼다. "고환睾丸"이란 한자는 참 번쇄하다. 그때 우리 반의 한 여학생이 물었다.

"선생님, 저게 무슨 글자입니까?"

선생님이 돋보기 너머로 그 학생을 훑어보더니 말씀했다.

"고환입니다."

여학생의 물음은 거기에서 그치지 않았다.

"고환이란 게 뭡니까?"

우리는 초중에서 배운 것이어서 알고 있었는데, 그녀는 감감 모르는 모양이었다.

"고환인즉 불알입니다."

선생님이 길게 말을 뽑았다.

그때 우리는 말똥이 굴러가도 웃어대곤 했으니, 교실이 웃음바다가 되지 않을 리 없었다.

나는 낮이면 여자숙소에 가서 놀고 저녁이면 학교도서관에서 안고 온 책들을 탐독했다. 나는 문학을 즐겼지만 대수과대표인 순덕이는 큐리부인을 숭배했다.

그녀는 쩍하면 몇 장 안 되는 나의 사진을 빼앗아 가지고 내빼곤 했다. 그러면 내가 그를 쫓는다. 그녀는 도망을 가다가 사진을 눈밭에 버리고는 제풀에 나가 넘어졌다.

학교에 남은 여학생 중에는 목릉穆陵 팔면툰에 집이 있는 심계숙이도 있다. 순덕이는 그녀를 "언니"라 불렀고 나는 그녀를 "누님"이라 불렀다. 인정이 철철 넘치는 그 심계숙 누님이 있어서 우리들 사이의 정분은 끔찍했다.

어느 날, 심계숙 누님과 순덕이가 무슨 재미있는 얘기를 주고받고는 깔깔 웃는다.

"무슨 얘기야? 나도 같이 웃어보자꾸나."

"응, 서울 영감이 죽었다."

순덕이가 시침을 뗀다.

"뭐? 네가 서울 영감 보기나 했니?"

"봤지. 꿈에 봤다."

그러고는 또 깔깔 웃는다. 이처럼 명랑한 소녀의 가슴에 그 어떤 슬픔이 숨겨져 있는지 누가 알랴!

"나 언제든 너에게 보복을 할 테다!"

나는 그만 싱거워져서 위협조로 말했다.

학교에는 연길延吉에 집을 둔 대수과 선생님도 중병으로 남아서 치료를 받고 있었다. 대수과대표인 순덕이가 자청해서 간호를 맡아 나섰다. 그가 매일 저녁 선생님 간호를 갈 적에 내가 나도 모르게 따라나서곤 했다. 나도 대수와 기하과에 흥취를 가졌고 초중 때에는 기하과대표를 한 적이 있다.

대수 선생님은 우리를 무척 사랑했다. 우리는 한 번도 꾸지람을 받은 적이 없다. 순덕이는 약을 달이기도 하고 붕대를 바꾸기도 했다. 그녀는 초저녁잠이 많아서 부지런히 돌아치다가 졸음이 오기만 하면 꼼짝을 못한다. 그가 책상에 엎드려 잘 때면 내가 솜에 불을 달아서 그의 코밑에 들이대곤 했다. 그녀가 캑캑거린다. 솜 연기에 기침을 하면서도 성을 내지 않고 미소를 짓는다.

새 학기에 대수 선생님은 연변延邊출판사로 전근되어 떠나셨다.

어느 날 순덕이가 날 보고 돈을 꿔달라고 했다. 곧 갚아주겠단다. 집에서 돈이 온 줄을 알기에 어려운 부탁을 한 것이다. 그런데 내가 전에 꾼 돈을 갚고 새 신도 사서 신고 하다나니 30원 돈이 죄다 날아났다. 꿔주지 못하니 난처했다.

이럴 때 내가 그녀를 위해 할 수 있는 일을 하지 못하게 된 것이 얼마나 괴로운지 모르겠다.

뜻밖에 받은 칭찬

낙후분자 학생인 내가 뜻밖에도 칭찬을 받았다. 개학식 날 전교 학생들 앞에서 내가 겨울방학에 문학서적을 50여 권이나 읽으며 뜻 깊이 보냈다는 칭찬을 받았다. 사실 나는 그저 심심하니까 재미로 학교도서관에서 책들을 안아다가 보곤 했을 뿐인데 칭찬을 받고 보니 어리둥절해졌다.

나는 책을 무척 많이 읽는 편이다. 상지중학교에는 해방 전에 출판된 책이 많았다. 중문 책도 있고 일어문 책도 있다. 나는 물론 우리 글로 된 책밖에 볼 수 없었다. 졸업할 때까지 도서관의 책을 다 보리라 마음먹었다.

남들은 나를 '책버러지' 라고 놀려주었지만 순덕이는 책을 많이 읽는 나를 보고 감탄했는지 만나면 "요즘 또 무슨 책을 보니?" 하고 묻곤 했다.

문학교원이며 우리 반 반주임이신 정화영 선생님이 나의 일기책을 가져다 읽어보시고는 다른 반에 가서 낭독하셨다. 순덕이가 날 보고

"정 선생님이 네 일기를 우리 반에 와서 낭독하셨어.

일기는 이렇게 써야 한다고 가르치셨어. 이웃집 아줌마가 지나가는 줄 알고 창밖을 내다보니 코스모스가 하느적인다는 묘사를 칭찬했지."

새 학기에 정화영 선생님은 조선으로 떠나가셨다. 연변대학을 졸업하신 이윤화 선생님이 문학교원으로 오셨다. 이 선생님의 지도로 학교에서 학생문학잡지를 꾸리게 됐다. 나에게 책임을 맡겼다. 그 때 허룡구, 김시찬 등의 활약이 컸다. 등사본 『동학同學』이라는 잡지는 3기까지 꾸렸는데 흑룡강성黑龍江省 내 조선족 중학교들에 우송됐다.

나는 글을 많이 썼다. 돌이켜보면 유치하고 미숙한 습작에 불과했으나 당시 자아감각은 너무나도 좋았다. 이리하여 소조장 한 번 해보지 못한 내가 외곽 문학조직의 책임자로 되어 동분서주했다. 후에야 나는 순덕이도 일기를 쓰는 줄 알았고 문학서적을 즐겨 읽는다는 사실을 알게 되었다.

그런데 그녀는 웬일인지 자꾸만 시름시름 앓았다. 이윤화 선생님 집에 사숙하기도 했고 자주 학교에 나오지 못하고 숙소에 누워있었다.

며칠 후 학교에서 독창경연대회가 있어서 순덕이도 노래를 부르기로 했단다. 나는 그녀가 보고 싶고 근심스럽기도 했다. 큰 맘 먹고 여학생숙소로 병문안을 갔다. 남몰래 갔지만 좀 멋쩍은 느낌도 있었다. 여학생숙소로 갔더니 순덕이 말고도 다른 여학생이 또 하나 누워있지 않는가?

"어떻게 아프니?"

내 물음은 단순했다.

"왜 왔니? 괜찮다. 인차 나을 거야."

순덕이 말도 단순했다. 그리고 우리는 침묵, 할 말을 찾지 못했다. 별반 따뜻한 말을 나눌 수 없으니깐 "이젠 돌아가오." 순덕이가 말한다.

이렇게 나는 바보 같이 병문안을 하고 돌아왔는데, 학교에는 벌써 아무개가 아무개를 좋아한다는 뒷공론이 돌기 시작했다.

며칠 후 독창경연대회가 열렸다. 순덕이는 겨울에 발이 얼어 터져서 쩔룩거리며 무대에 올랐고 해쓱한 얼굴로 나타났다. 그가 부른 노래는 "내 그대를 처음 만나던 밤"으로 시작되는 조선의 쓸쓸한 가요였다. 마치도 나를 처음 만나던 밤이라는 뜻으로 안겨왔다. 목소리가 그처럼 아름다운 줄 몰랐다. 풍금소리와 갈라놓을 수 없다. 박수소리가 터져 나왔다. 평선에서 그녀는 독창 3등상을 받았다. 내가 심사위원이었더라면 단연 1등을 주었을 텐데.

그녀 자신이 모르는 그녀의 매력이 자석처럼 나를 끌어당겼다. 그러나 나의 의식적인 유혹은 그녀에게 아무런 효험을 보지 못한다. 그런데도 우리 둘 사이의 연정은 물을 주지 않아도 절로 무성해지는 수풀처럼 느껴졌다.

시낭송 서클

2학년 때 밀산중학에서 나를 가르치던 한창립 은사님이 전근되어 오셨다. 선생님은 밀산중학에서 나의 반주임이자 문학교원으로서 나를 각별히 사랑해주셨다. 선생님의 지도로 학교에서 시낭송서클이 조직되고 내가 책임을 맡았다.

성원으로는 학생회 간부, 반장들도 있고 목소리가 맑은 학생들을 선발하다보니 순덕이도 서클에 들어왔다. 이야말로 꿩 먹고 알 먹기 아닌가? 나 같이 어리고 세상물정을 모르는 사람이 이래라 저래라 지휘하는 것을 고분고분 받아들이는 형님, 누나들이 고마웠다. 낭송시는 거의 다 조기천趙基天(1917-1951)의 작품이었다.

순덕이를 자주 볼 수 있는 기회가 많아졌다. 말을 주고받을 기회가 늘어났다. 그러나 나는 어린 나이에도 경거망동하지 않고 자기를 한껏 이성적으로 자제할 줄 알았다. 말을 아끼고 행동을 조심했다. 누구는 내 속에 영감이 들어앉았단다.

순덕이는 나보다 먼저 태어난 여자로 내가 가볍게 놀

고 실수나 할까봐 자주 나를 귀띔해주곤 했다. 누님 같은 정을 느꼈다.

얼마나 즐거웠던가? 시낭송대오는 농촌으로 가서 교학실습을 할 때에도 활동했고 명절이면 무대에 올라 낭송을 했다.

어느덧 졸업이 가까워온다. 졸업을 하고 뿔뿔이 흩어지면 다시 만나지 못할는지도 모른다. 연정을 한껏 무르익혀놓고 그저 헤어진다고 생각하니 미칠 지경이다.

아무래도 고백해야겠다. 나는 바질바질 타들어 가는 마음의 심지를 돋우곤 했다.

학습 성적은 괜찮다고 해도 건강이 좋지 못한 그녀에게 나는 왜 홀딱 반했을까? 이렇게 나는 가끔 스스로 묻기도 한다. 그녀는 마음씨 비단 같고 총명하다. 지금껏 그녀처럼 내 마음을 사로잡은 여자는 없다. 사랑이란 모험이다. 모험이 없이는 이루어질 수 없다고 생각했다. 내가 생각한 모험이란 겨우 글쪽지 하나를 써 보내는 것, 영국시인 바이론 붓끝의 돈 주앙이 알면 배를 끌어안고 웃어댈 노릇이다.

듣기 좋은 '고진감래'

그 시절 사범이란 대개 가정형편이 어려운 학생들이 다니는 학교였다. 학비를 감당할 수 없는 학생들이 국비로 공부를 한다.

겨울이 오면 참말로 고달프다. 홑옷을 입고 부들부들 떨어야 했고 신발도 변변치 못해 발을 얼구기가 일쑤였다. 나도 발이 얼어서 봄철이 되면 미칠 지경으로 가려워 책상다리에 벅벅 문지르곤 했다. 수업시간이면 여기저기서 발을 책상다리에 문지르는 소리가 요란하다.

우리 반 반장이 갑자기 중병을 앓았다. 내가 싸구려 신을 사서 신은 것이 고작 보름만에 앞뒤가 죄다 터져 나갔다. 병석에 누워있는 반장이 자기 신을 신으라고 했다. 나는 주저하다가 하는 수 없이 반장의 신을 신었다. 그 반장은 그만 세상을 떠났고, 나는 그런 대로 그의 신이 다 터질 때까지 신고 다녔다.

봄철이 되자 순덕이가 다리를 쩔룩거리며 다녔다.

"다리를 상했어?"

나의 물음이었다.

"발이 얼어 터졌다. 피가 난다."

그녀의 대답이다. 도무지 상처가 아물지 않는단다.

그녀가 몸에 잘 맞지 않는 솜바지를 절로 깁거나 실로 뜨개를 뜨는 것을 나는 자주 보았다. 그녀의 색 바랜 저고리는 여러 해를 입었을 것이다.

가정출신이 빈농貧農인 학생들은 그래도 이유를 대어서 고난을 해결하는 보조금을 받을 수 있지만 가정출신이 나쁜 학생은 보조금을 엄두도 내지 못한다. 부모의 착취행위가 어린 자식을 타격한다. 나는 초급중학교 때 조학금을 받았으나 순덕이는 받은 것 같지 않다. 그래서 설음을 안으로만 쌓아두노라니 내성적인 성격일 수밖에. 할 말을 삼키고 듣기 좋은 인사 치례나 깍듯이 해야 한다. 어린 소녀의 가슴에 얼마나 큰 못이 박혔으랴!

그런 대로 우리는 천진했다. 그녀가 나를 놀려주면 내가 뒤쫓는다. 그녀가 냉큼 자기 반 교실로 뛰어들면 나는 토끼를 쫓던 강아지가 되고 만다.

"야, 상각이가 왜 순덕이를 저리 좋아하니?"

우리 반 여학생이 입을 삐죽거린다.

이제 우리가 사범을 졸업하고 교단에 오르면 월급을 받게 되지 않는가? 그러면 돈고생이 끝난다. 그러나 이 꿈도 허황하기 그지없음을 훗날에야 깨달았다.

게다가 나의 꿈은 교원이 아니라 시인이 되는 것이다. 시인이 교원보다 더 가난한 줄은 꿈에도 생각해보지 못하고.

참말 인생은 고해苦海라는 말이 옳았다. '고진감래苦盡甘來'란 듣기 좋은 말일까?

글쪽지

졸업이 눈앞에 다가왔다. 어디로 배치를 받아갈지 모를 인생의 벼랑 끝에서 필생의 길동무를 찾는 일이 대사가 아닌가?

나는 큰 결심을 내리고 순덕에게 짧은 글쪽지를 써 보냈다. 두근거리는 마음으로.

그녀에게 아무런 도움을 주지 못하고 기념품 하나 마련하지 못한 가난한 학생이 비위가 있어도 이만저만이 아니다. 뒷날 칠복이가 최진사 셋째 딸을 탐내서 으리으리한 집으로 뛰어들어간다는 노래를 들으면서 회심의 미소를 지었다.

글쪽지에 나는 이렇게 썼다.

"사범시절 우리는 두터운 우정을 맺고 참으로 즐거운 나날을 보냈다. 영원히 잊을 수 없다. 앞으로 우리는 이 우정을 소중히 여기자."

그리고는 이런 말을 적었다.

"남의 마음을 모르고 덤비는 것처럼 무서운 일은 없을 것이다. 하고 싶은 말 아직 다 하지 못했다."

회답편지가 왔다. 나는 짧게 썼지만 그녀는 야무진 글씨로 성의를 다해 길게 썼다.

"고맙다. 나도 꼭 같은 마음이다. 그런데 어떤 말은 무슨 말인지 잘 모르겠다. 명확히 다시 써주면 나는 명확한 대답을 주겠다."

이야말로 불 보듯 빤한 노릇이 아닌가. 나는 내 나름대로 그녀가 나를 사랑한다고 단정해버렸다. 그래서 두 번째 편지에 나는 노골적으로 고백했다.

"나는 너를 사랑한다."

그리고는 흥분된 김에 이것저것 굉장히 로맨틱한 말을 많이도 썼다.

눈이 빠지게 기다렸으나 회답편지가 오지 않았다. 졸업을 앞두고 뭘 고민하고 있을까? 나의 편지가 아슬아슬한 모험이라는 생각에 갑자기 두려웠다. 학생시절에 연애는 엄금이다. 처벌이라도 받게 되면 졸업장을 타지 못하고 쫓겨난다.

여러 날 지나서야 글쪽지가 왔다. 다그쳐 펼쳐보니 단 한 마디가 적혀있다.

"토요일 밤 저녁 8시, 화학실험실에서 만나자."

야무진 글씨는 그처럼 예뻤다. 허나 무슨 심판이 내릴지 몰라 일각이 여삼추다. 통쾌한 대답을 하려나 보다. 나는 내 나름대로 좋은 생각을 또 굴리었다. 내 글의 암시를 빤히 알면서도 다시 써 달라 한 것은 노골적인 고백을 듣고 싶어서일 게고 만나면 행복한 말을 속삭이고 싶어서가 아닌가?

때는 이른 봄, 낮에 질펀하던 길은 해가 저물면 얼어든다. 내 마음도 얼었다 녹았다 한다. 저녁이 되니 눈 녹은 길에 살얼음이 생겨서 발밑에서 바삭바삭 얼음 밟히는 소리가 난다. 한 마디로 거절하지 않고 만나자는 거야 딴 뜻이 있어서겠지.

화학실험실

화학실험실이다. 평소에 우리가 화학실험교수를 받는 곳이다. 나이 어린 남녀학생들이 몰래 실험실에 들어온 건 하늘의 별들 밖에 모른다.

바삭바삭 부서진 그 창밖의 살얼음이 어쩐지 심상치 않다. 내가 먼저 실험실에 도착했고 순덕이가 다리를 쩔룩거리며 뒤늦게 왔다. 아직도 얼었던 발이 아물지 않은 모양이다. 홑옷을 입은 그녀는 딸꾹질을 하다가도 가담가담 트림을 하는 걸 보아 위장이 좋지 않은 모양이다. 언젠가 그녀는 어릴 적에 위가 나빠서 닭똥집을 많이 먹었다는 얘기를 한 적이 있다.

어둠 속에서 그녀가 먼저 입을 열었다.

"편지를 고맙게 읽었어. 우리가 학교에서 맺어진 우정을 나는 항상 즐겁게 간직할거야."

따뜻한 말을 아끼지 않아 내가 무척 흐뭇했을 때, 갑자기 그녀가 말머리를 돌렸다.

"우리는 아직 학생신분이야. 그런 문제(사랑)는 지금 생각할 때가 아니야. 학생수칙에 위반되지. 졸업한 뒤에야 생각할 문제야."

그의 말은 그처럼 부드럽고 낮았으나 나에게는 준열한 비판이나 다름없다. 책망의 채찍 같았다. 나는 선생 앞에서 꾸지람을 듣는 심정이다.

"넌 어떻게 생각하니?"

"글쎄 나도 그런 걸 모르는 건 아니야. 비밀에 붙이면 안 되니?"

내가 어물어물 넘긴 말이다.

"달리 생각하지 마. 난 비밀을 지켜줄게."

그리고 그녀는 아무개가 자기에게 사랑을 고백했고 아무개가 편지를 보내왔고 아무개가 치근덕거린다는 얘기를 솔직히 했다. 그러나 자기는 한 마디로 다 끊어버렸다고 했다.

"미안해. 나도 너무 소홀했어."

내가 좀 떨리는 소리로 말했다. 그때 나는 정말 후회했다. 사실 말이지 당시 동창생들 중에서 우리는 제일 어린 축이었다. 그녀에게 거절당한 사람들은 조건을 보면 누구나 다 나보다 나으면 나았지 못하지 않았다. 적어도 훨씬 성숙하고 의젓해 보였다.

"미안하긴? 달리 생각하지 말라 하지 않았어?"

"난 우리 둘의 참된 우정을 영원히 간직할거야. 지금은 졸업시험을 잘 치고 좋은 성적으로 사범을 졸업하는 거야. 그리고 청년들의 선진조직인 청년단에 하루 속히 가입하길 바란다. 어때? 약속하겠니?"

그녀의 부탁은 그처럼 친절하고 간절했다. 그 말이 얼

어붙은 내 가슴을 녹여주는 듯 했다. 말머리 무거운 그녀니까 비밀이야 지켜주겠지.

우리는 졸업시험 준비에 바빴다. 머리를 싸매고 복습을 했다. 교실에서 공부를 하자니 갑갑증이 났다. 뒷창문으로 뛰어나갔다.

그런데 그녀도 혼자 뒤뜰에 나와 복습을 하고 있지 않는가? 그녀는 3학년 1반, 나는 3학년 2반. 우리 둘 사이 거리는 아주 가까웠다.

마치도 약속이나 한 듯이 우리는 창밖으로 나와 있었다. 나는 글 한 줄을 읽고 그녀를 건너다보고 두 줄을 읽고는 또 곁눈질을 했다. 그런데 그녀는 나에게 한 번도 눈길을 보이지 않았다. 보지를 못했는지 아니면 눈치가 그리도 무딘지? 무척 섭섭했다.

그녀는 복습에 전념하여 나 같은 건 안중에 없는 모양이다. 그러니 내가 괴로운 짝사랑을 할 수밖에.

가정을 이룬 뒤에 이 일을 물어보니 그녀는 "그런 일이 언제 있었어요?" 하고 반문한다. 지금 와서 생각해 보아도 그녀의 처사가 얼마나 이지적이고 현명했는가를 알겠다.

만약 내 멋대로 연애를 하며 모험적인 행동을 했더라면 우리는 십년공부 나무아미타불이 될지 모른다. 참으로 아슬아슬한 사춘기였다.

그녀가 이처럼 냉철하게 처신한 데서 나는 모름지기 위험의 구렁에서 구원을 받은 듯싶다.

내 운명을 결정해준 그녀의 소행, 생각할수록 고맙기만 하다.

반성

그 일이 있은 뒤 나는 자꾸만 자기를 반성해본다. 확실히 내 안에는 그녀의 말마따나 영감이 들어앉은 것 같다. 나는 오되고 그녀는 늦둥이다. 이성에 눈을 뜨지 못하고 무엇이 위생기인지도 모르는 것 같다. 그 고환이라는 게 뭔가고 소리 높이 묻던 목단강 여자처럼.

나의 학습성적이 고르지 못한 것도 너무 일찍 이성에 눈을 떴기 때문인지도 모른다. 때로는 좋은 학습성적이 급기야 하강선을 긋기도 한다. 지나친 과외독서 때문에 본과 학습에 영향을 줄 때도 있었는데, 이번에는 이성에 너무 일찍 눈을 돌리는 바람에 코를 떼인 것 같다.

그제야 나는 정신을 바짝 차렸다. 내가 무슨 일을 저질렀는가? 학교에서 이 일을 알고 추궁하면 나는 엄한 벌을 받게 된다.

다행히 순덕이는 입이 무겁다. 나를 아끼는 마음으로 비밀을 지켜준다. 그녀는 그처럼 순수하고 단순하다. 생각이 한 곬으로만 흐른다. 일심으로 공부에 열중한다.

하긴 사랑이란 모험이 아닌가? 모험이 없이는 사랑이

이루어질 수 없다. 러시아의 대문호 고리키의 서사시 「사랑과 죽음」은 사랑하는 데는 임금도 죽음의 신도 두렵지 않다고 했다. 싸움에서 패한 왕이 돌아오다가 숲 속에서 사랑을 속삭이며 깔깔 웃는 한 쌍을 보고 괘씸하게 여긴다. 그 한 쌍을 죽음의 신에게 넘겨준다. 그러나 죽음의 신도 그들의 사랑에 감동되어 그들을 놓아준다.

사랑하는데 죄 될 게 뭔가? 남몰래 타들어 가는 사랑의 불심지는 어쩔 수 없는 것이다.

그녀에 대한 한 줄기 희망을 버릴 수 없다. 졸업 뒤에 고려해보자고 하지 않았는가? 기다릴 수밖에 없다. 점잖게 거절하는 태도는 아니겠지. 스스로 위안해보기도 한다.

기차는 떠난다

학교를 졸업했다. 상지사범학교 제2기 졸업생들이 흑룡강성 여러 학교에 선생으로 가게 된다. 92명 졸업생 중 9명이 학교에 남게 되었다. 나도 남고 순덕이도 남았다.

양재화 교장선생님이 우리들 몇몇을 모여 놓고 말씀을 하셨다. 남은 학생들은 품행이 좋고 학습성적이 좋아서 중학교로 보낸다고 했다.

내가 알기에는 우리 가운데 학습성적이 그다지 좋지 못한 학생도 있다. 나 같은 학생은 사실 품행점수를 높이 받지 못할 사람이다. 교장선생님 말씀처럼 다 우수한 학생인건 아닌 듯 했다. 9명 중에는 학생회 회장, 부회장도 있고 문오위원, 체육위원도 있다. 그러나 나 같은 몇몇 어린 사람은 교단에 올라서기 어려울 지경으로 애송이니 중학교 행정사업에나 보내는 것 같다.

명색이 좋게 중학교로 간다. 교장선생은 우리를 보고 "일이면 교도처나 청년단 간사사업을 하다가 정식교원을 하게 된다"고 한다.

남은 학생들은 기분이 좋았다. 그 중에도 나는 연애편

지를 보냈다가 퇴짜를 맞았지만 사랑이라도 짝사랑상대인 순덕이와 같이 남았으니 기분이 둥둥 뜬다. 순덕이야 학습성적이 돌출하니 중학교에 갈 자격이 당당하지만 나야 뭐 볼 게 있는가?

교장선생이 친절히 불러준다.

"상각인 밀산중학교에서 왔고 순덕인 목단강중학교에서 왔지?"

45년이 지난 먼 훗날에도 돌이켜 볼 때마다 교장선생이 이렇게 말씀하신 일이 놀랍기만 하다.

이제 정든 학교를 떠난다. 우리가 공부하던 상지현이라는 곳은 중국 동북항일연군 제3군 군장 조상지趙尙志의 이름으로 지어진 유서 깊은 곳이다. 원래 이름은 주하珠河, 유명한 항일 여영웅 조일만趙一曼이 활약하던 곳이다. 바로 이런 고장에 흑룡강성의 우리 민족 첫 사범학교가 세워진 것이다. 나는 항일영웅들을 팔아먹은 반역자들을 광복 후에 총살한 언덕에도 가보았다. 3년 공부를 끝내고 우리는 유서 깊은 고장을 떠난다.

기차에 몸을 실었다. 순덕이와 안영곤이 같이 기차를 타고 간다. 안영곤은 밀산초중을 나하고 같이 다녔고 상지에 와서 사범을 또 3년 같이 다녔다. 이젠 또 벌리勃利중학교로 같이 가서 일하게 된다. 그는 음악교원을 하게 된다. 벌리로 가자면 순덕의 고향인 해림을 거치고 목단강으로 가서 가목사佳木斯행 기차를 갈아탄다.

다정히 얘기를 나누면서 어느덧 해림역에 도착했다. 순덕이가 먼 곳을 가리켰다.

“저-기 마을이 보이잖니? 오성촌이야. 우리 마을이야. 맨 앞집이 보이지. 저게 우리 집이야.”

산란해지는 마음이어서 그녀의 말을 알아들은 척 하고 고개를 끄덕였지만 맨 앞집은 내 눈에 들어오지 않는다. 그 곳이 바로 순덕이네가 재산청산을 당하고 쫓겨나 산골마을로 가서 오두막살림을 하고 있는 집이다. 순덕이는 그렇게도 살뜰하게 자기 고향집을 나에게 알려주면서 “벌리에 가면 인차 편지를 보내줘. 기다릴게.” 한다.

“응.” 고개를 끄덕인 나는 얼마나 마음이 달콤한지 몰랐다. 아무튼 그녀의 말 한 마디, 몸짓 하나에 내 기분은 떴다가 가라앉곤 하는 판이다.

그녀가 해림정거장에서 내려 달랑거리면서 가는 뒷모습을 오래도록 지켜봤다. 이제는 사랑을 나눌 때가 되었다. 이런 문제는 졸업 뒤에 고려할 문제라고 그녀가 말하지 않았는가? 벌리에 가면 나는 진심을 마음껏 털어놓을 테다. 내 가슴은 온통 순덕이 생각으로 가득 찼다.

그대는 달

벌리중학교에 가서 인사를 드리고는 방학에 밀산 집으로 가서 부모님을 만나 뵈었다. 어머님께서는 장기 환자로 생산대 일을 나가지 못했고 든든하지 못한 아버지 혼자서 밭일을 다니셨다.

"너 학교를 졸업했으니 이젠 장가를 들어야 하지 않니? 맨날 내가 때시걱을 해먹으며 일하러 다녀야겠니? 이젠 며느리 손으로 지은 밥을 먹어야겠다."

"장가를 안 가요. 제 나이 얼만 줄 아세요? 열여덟이예요."

"뭘? 나이가 적냐? 옛날 같으면 학교를 다니는 아들이 있겠다."

나는 그만 화가 났다. 밥을 짓는 며느리만 생각하는 아버지가 야속했다. 청춘의 꿈을 꾸고 있는 사람을 가사에 비끄러매려는 부모님이라고 생각됐다.

학교로 돌아와 그녀에게 보내는 편지를 자주 썼다.

그러나 한 번 보기 좋게 거절당한 덕분에 사랑이라는 말은 감히 쓰지 못했다. 괜히 그녀의 감정을 상하게 하고 사랑이 설익게 해서는 안 된다는 생각이 들었다. 소련의 사랑시인 쉬빠쵸브의 유명한 사랑시 「사랑을 소중히 여길 줄 알라」가 생각났다. 나는 한 번 퇴짜를 맞은 뒤 더욱 신중하고 조심해졌다. 갑자기 마음이 약해진다.

안으로 끓는 마음은 견딜 수 없어서 편지를 보내고는 회답을 받기도 전에 또 편지를 쓰곤 했다. 그러니 어찌 제 정신이었을까?

그녀의 회답은 천만 섭섭하게도 가물에 콩 나듯 했다. 지나치게 신중해서일까? 내가 섣불리 쉬빠쵸브의 시를 베껴서 보냈더니 조심성이 생긴 모양이다.

사랑을 귀중히 여기라
세월이 갈수록 귀중히 여길 줄 알라
사랑은 벤치 위의 탄식도 아니며
달빛 아래 산보도 아니라네
사랑의 길에는 가시밭도 있고
진탕도 있나니
사랑을 소중히 여기라
그것은 아름다운 노래와 같은 것
허나 아름다운 노래 짓기는
그리 쉬운 일이 아니라네

내가 이 시를 그녀에게 적어 보낸 것을 후회할 정도로 그녀는 지나치게 조심스러운 것 같았다. 나는 그녀에게 "청춘과 희망은 갈라놓을 수 없다", "청춘과 사랑은 언제나 같이 있기 마련이다", "희망을 품은 사람은 고상하다"고 썼으며 "벗을 위하여 자신을 아끼지 말라"는 쉬빠쵸브의 말과 "만약 누가 두 마리의 토끼를 쫓는다면 한 마리의 토끼도 잡지 못한다"는 생리학자 파블로브의 말을 적어 보내기도 했다.

우리는 서로 고무하고 서로 추동했다. 깨끗하게 쓴 고운 글씨로 적힌 편지를 받을 때면 상쾌한 아침을 맞는 기분이다. 편지가 오고 가니 학교 선생들이 내가 약혼한 줄로 안다. 이것은 좀 위험한 일이다. 아직 사랑이 익지도 않았는데 동네방네 소문부터 나면 무슨 망신일까? 사람의 앞날이란 내다보기 어렵다.

반년이 지나 새해가 왔다. 1955년이다. 여전히 사랑의 종소리는 울리지 않는다.

세월은 흘러 흘러 어느덧 강 얼음이 풀리었다. 그러나 내 가슴속 얼음은 풀리지 않았다. 풀린 것 같지만 성에가 떠나지 않는다.

오랜만에 두툼한 편지가 왔다. 사랑의 고백인 줄 알고 겉봉을 급히 뜯었다. 허나 결연장과 같은 편지다. 우리 둘은 백년가약의 대상으로 될 수 없다고 단언하지 않았는가? 이유가 많기도 했다.

첫째로 자기 몸은 허약해서 외아들 집의 맏며느리 감이 아니라는 것.

둘째로 착취계급 가정 출신이어서 나의 장래 발전에 영향을 줄 수 있다는 것.

셋째로 우리 둘의 희망이 다르다는 것. 자기는 자연과

학자(이과)가 희망이고 나는 문학가가 되려고 한다는 것.

넷째로 자기는 나보다 연장자라는 것.

그러나 우리 둘의 우정은 영원히 지켜가자고 했다. 언젠가 내가 결혼하게 되면 소식을 알려달라고 했다. 마음 깊이 축복하겠단다. 끝말은 그렇게도 측은했고 진정을 쏟은 것이다.

나는 머리가 띵했다. 진종일 식사를 못했다. 일찍 명랑한 태도를 보이지 않다가 이제 와서야 이처럼 야속한 편지를 보내다니?

편지를 받은 날 밤, 나는 잠을 이루지 못하고 여태껏 받은 편지를 모두 꺼냈다. 어느 편지나 나를 그처럼 기쁘게 해주던 글이다. 제3자가 뛰어들었을까? 나는 그녀를 너무도 잘 안다. 그럴 수 없다. 이렇게 엎었다 젖혔다 하면서 생각을 굴려보아도 이젠 불 보듯 뻔하지 않은가? 우리 둘은 결합될 수 없다는 결론을 그녀가 대린 것이라 단정했다.

나는 편지들을 걷어 안고 문밖으로 뛰쳐나갔다. 휘영청 달 밝은 밤, 벌리시 복판에 강물이 흐른다. 나는 편지를 안고 시내로 가는 그 강의 다리 위에 홀로 섰다. 얼음 풀린 강물이 무섭게 흐른다. 나는 편지들을 한 장 한 장 찢어서 강물에 띄워 보냈다. 눈물이 난다.

"잘 가라, 내 사랑이여!"

나는 이렇게 속으로 부르짖었다.

몇 십 년이 지나 그 시각을 돌이켜보면서 나는 「그대는 달」이라는 시를 썼다.

자작시 「그대는 달」

그대는 먼먼 달이외다
아득히 우러러 바라만 볼 수 있는
꿈에도 가까이 다가설 수 없는
그대는 저 하늘의 달이외다

그리워도 기다려도 오지를 않는
불러도 소리쳐도 대답이 없는
먼먼 하늘 끝에서만 굽어보는
그래서 그대는 예쁜 달입니까

너무도 차가와요
너무도 야속해요
외로운 이 밤 바라보느니
아, 눈물만 하염없이 흐릅니다

Ⅱ. 온 몸으로 온 마음으로

회답편지
뜨락에 달빛이 차고
님을 괴롭히다
더욱 불타는 사랑의 불길
그대에게
첫 키스
목걸이
온 몸으로 온 마음으로
편지 귀퉁이
일기책 도난사건
상봉
낭만
좌절과 고민
사직서

회답편지

오랫동안 미친 듯이 쓰던 편지를 더는 쓰지 못했다. 어떻게 회답해야 할지 몰랐다.

그녀는 결연장을 보내놓고 덫에 무엇이 걸려드나 지켜보는 것일까? 웬일인지 자꾸만 불쾌한 생각만 떠올라서 회답을 보낼 수 없었다.

한 달이 지난 뒤 그녀의 편지가 또 왔다. 왜 소식이 없는 가고, 혹시 몸이라도 불편한가고, 자기의 편지를 오해하지나 않는가고 썼다. 어디까지나 자기가 나에게 불리한 영향을 끼칠까봐 고려한 데서 생각이 많았다는 것이다. 그러니 그녀의 마음속에는 여전히 내가 있구나 하는 생각이 들었다. 나는 자기의 짧은 생각을 뉘우치고 편지를 썼다.

그대가 제출한 조건은 우리의 사랑과 아무런 관계도 없다. 건강은 회복하면 된다. 그대는 나보도다 더욱 총명하고 일찍 청년단에 들었으니 나보다도 선진이요, 우수하다. 성분은 관계없다. 나하고 동갑인 그대, 나는 누님의 사랑이라도 받고 싶다. 이상은 다른 게 아니다. 서로 추동하면 된다. 이담에 내가 결혼하면 소식이나 알려달라구? 그게 말이 되느냐? 내 마음은 항상 그대의 생각으로 가득하다 . 이러한 회답편지를 보냈다.

이번에는 그녀한테서 다시 두툼한 편지가 왔다. 1955년 봄철, 나는 성급히 겉봉을 뜯었다. 아, 나는 얼마나 행복한가! 미칠 듯이 기뻤다.

"더없이 기뻐요. 잃었던 친우를 찾은 듯 심리상 든든한 무엇이 있는 것만 같아요. 과연 나는 미더운 동지를 쟁취한 것이에요. 모든 것이 재빨리 그리고 호상 추동으로 인한 면모들이 나타날 것이지요. 영생의 다정한 벗을 찾게 된 그 마음 무엇으로 표현할 수 있겠어요. 이 시각부터 나의 마음은 유쾌해졌고 고운 목소리로 노래를 부르고 싶어요.

나는 그대의 노력이 헛되지 않음을 굳게 믿어요. 부디 노력을 아끼지 않거든 신체를 더욱 고려하세요. 그대만을 사랑하는 사람의 숨김없는 부탁입니다.

나의 오늘의 기쁨을 그 누구도 짐작하기 어려워요.

사랑하는 사람의 부탁을 들어줄 수 있겠어요? 때를 기다려 우리들의 사랑을 공개하지 말았으면 합니다. 다른 이들이 모르는 아늑한 사랑만을 요하기 때문이지요. 나는 결코 그대의 배반자가 안 될 것이며 영원히 그대의 영원한 벗으로 될 것입니다. 사랑하는 그대여! 깊이 생각해 보세요. 한 마디로 말해서 나는 그대의 충직한 벗으로 되며 유일한 협조자로 될 것입니다.

그대의 사업과 분투에 지장이 없는 조건에서 우리는 자주 만납시다. 나는 그대를 높이 평가합니다. 그러나 나로서는 그런 감정을 살틀히 이야기할 수 없군요 ”

그녀는 사랑을 고백하는 이 첫 편지에서 처음으로 존칭을 썼다. 여태껏 “야, 자”하던 사이였다. 그렇게도 자신의 감정을 살틀하게 표현했다. 말랑말랑하던 사랑의 물곬이 터진 것이다. 우리는 또다시 빈번히 편지를 주고받았다. 편지들은 나에게 소중한 것이었다. 그것들을 나는 원고와 함께 간직했고 연변으로 나와서도 오랫동안 보관했었다.

1960년대 후반의 대동란시기에 “네 가지를 파괴하고 네 가지를 수립한다 四破四立 ”면서 조직된 규찰대가 이 집 저 집 마구 들어가 퇴폐한 냄새가 난다고 인정되는 것이 보이기만 하면 마구 없애버린다는 바람에 소부르주아 냄새혐의가 있는 편지들을 원고와 함께 불살라버렸다.

너무도 아까워서 님의 편지를 없애기 전에 감동적인 부분들을 수첩에 몰래 베껴두었다. 아내도 미련을 갖지 않고 소각하는 데 동의했다. 그때는 쩍하면 “자산계급반동사상”이라는 레테가 붙기 쉬웠다. 자칫하면 신세를 망칠 수 있었다.

마음에 드는 편지대목을 베껴둔 것이 다행이다. 그녀를 알게 된 때로부터 5년이란 세월이 흘러간 뒤에야 약혼을 한 것이다. 우리의 사랑은 무르익을 대로 무르익었다. 님의 편지는 온통 나의 마음을 사로잡는다.

“지금은 틀림없는 봄이예요. 봄이란 언제나 가장 좋은 것들을 사람들에게 아낌없이 가져다주고 있어요. 이 봄과 함께 우리의 사랑은 들꽃마냥 활짝 필 것이며 아름답고 행복한 감정이 양껏 부풀어 오를 거예요. 그것은 그대의 아낌없는 참된 사랑이 나의 심장으로 흐르고 있기 때문이예요. 모든 것 다 버리고 우리들의 열정적인 키스가 벌어질 때 앞날을 꿈꾸게 되지요. 오직 행복과 기쁨, 미만한 미래만을 바라는 거예요.

무엇이든 서슴없이 요구를 제출하세요. 그대를 위해서라면 무엇을 주저할 게 있겠어요.

노력! 이것은 모든 것을 돌파할 수 있고 타승할 수 있는 위대한 생명력인 것 같아요. 천재는 노력의 산물이 아니겠어요? 그대의 강인한 인내력으로서 꾸준히 노력하세요. 장래는 우리에게 속하지요 ”

“날이 갈수록 그대를 사모하는 마음은 싱싱하게 푸르러만 가는군요. 어제 저녁도 참 좋은 밤이었어요. 그저 그대와 함께 수림 속을 거닐면서 오순도순 이야기로 밤을 새웠으면 좋았을 거예요. 나는 다만 혼자 거닐면서 중얼중얼 ‘그대 없는 나는 서러워’ 라고 노래 불렀지요.

그대는 너무 얌전해요. 자, 저의 볼과 입술에 뜨거운 키스를 해주세요. 이지러지게 안아보세요.”

이렇게도 진지하고 열정적인 사랑의 편지를 받은 나는

읽고 또 읽으면서 행복에 젖어있었다. 그녀는 나를 사랑하면서 분투하도록 고무, 추동했고 몸과 마음으로 나를 지지해 나섰다. 많지 않은 월급에서 떼내어 새 책이 나오면 꼭꼭 사서 보내왔다. 나는 사랑의 선물을 자주 받은 것이다. 서로 멀리 떨어져 있으면서 그리운 정은 참으로 참기가 괴로운 것이었다. 그녀는 달 밝은 밤을 혼자 새우면서 노래를 부른다고 하지 않았는가? 나도 잠이 오지 않는 달 밝은 밤에 시 한 수를 썼다.

뜨락에 달빛이 차고

뜨락에는 은은한 달빛이 차고
내 가슴엔 절절한 그리움이 넘치네

봄바람에 살구나무 가지 흔드니
귀밑머리 만지던 그대 손길 생각나

정다운 목소리 창문에 울리는가
내다보니 둥근 달이 빙그레 웃는구나

그대 사진 손에 든 채 잠들었더니
꿈에는 달을 안고 속삭이였네

이 시는 일찍 1950년대에 쓴 것인데 1985년에야 처음으로 발표됐고 나의 대표시선집에도 수록됐으며 연변에서 편찬한 〈명시선〉에도 실렸다. 다만 제목이 〈그리움〉으로 바뀌었을 뿐이다.

그녀는 나의 시를 만들어준 장본인이 된다.

님을 괴롭히다

내 성질은 협애하고 괴벽하다. 너그럽지 못하다. 사랑하는 사람이 온 마음을 바쳐 나를 사랑하고 있을 때 나는 알고 싶은 것이 많았고 이것저것 꼬집어 물어보고 싶었다. 이런 노릇을 배부른 홍정이라던가?

어떤 남성과 사귀였으며 그대에게 사랑을 고백한 사람은 누군가? 그대는 다른 남성에게 호감을 가진 적이 없는가? 이러루한 것들을 알고 싶었다.

그녀가 사랑을 소중히 여기고 신중한 처사를 한 것이 이제는 그 어떤 다른 유혹 때문에 나에게 선뜻 태도표시를 하지 않은 것 같이 느껴졌다. 이처럼 의심이 생긴다. 따지고 물어보고 싶었다.

편지로 꼬치꼬치 물으니 님은 몹시 괴로워하는 편지들을 보내여왔다. 사랑이란 이런 것일까? 너그럽지 못하고 협애한 마음으로 처사하면 사랑은 깨지기 쉽다.

“온 세계 넓은 대지 어느 곳에서나 청춘 남녀들은 사랑을 속삭이련만 나는 그렇게 생각하고 싶지 않아요. 대지의 신선한 공기를 마음껏 호흡하면서 오직 그대와 나만이 모든 사랑과 기꺼움 그리고 행복을 속삭이며 나누는 것만 같아요. 다정한 우리 둘 사이는 누구에게나 있을 것 같지 않아요. 깨끗한 수정과 같이 맑고 아름다운 우리의 사랑을 더욱 빛내자요. 네! 아무리 황홀한 무엇이나 사랑의 적이라도 우리의 사랑을 간섭할 수 없는 것이며 굳센 사랑을 빼앗지 못할 거예요. 이것은 그대와 나와의 사이 강의한 매력인 게지요.

그대는 아직도 나를 잘 이해하지 못했군요. 과거에는 한 학교에서 학습하던 동창에 불과했지만 오늘에 와서는 그대의 유일한 사랑하는 사람이 아니예요. 무엇이든 이렇게 생각하면 유감없이 해결될 거예요.

사랑하는 그대여, 그대는 나에게 있어 더 없이 미더운 존재이며 고귀한 사람입니다. 그대로 하여 나는 사랑의 참된 맛을 보게 되었고 사랑의 힘을 느끼게 됐으며 그렇기에 그대의 뜨거운 손길, 열정적인 키스를 바라고 있어요."

"그대는 아직도 나를 잘 이해하지 못하고 있어요. 그대는 나에게 있어서 둘도 없는 유일의 존재이며 영생의 다정한 벗이기에 단 한 사람 그대만을 사랑하고 기쁨을 나눌 수 있는거예요.

그대는 아직도 나를 잘 이해하지 못하고 있어요. 그대의 가슴 한 구석 가시지 못한 것을 깊은 산에서 솟아오르는 샘물로 깨끗이 씻어버리세요. 나의 가슴은 수박과 같이 붉어만 가고 있지요.

뜨겁게 사랑해주세요. 그대만이 나를 위안해줄 수 있고 도탄에서 헤매이지 않게 할 책임이 있으니깐요. 나의 괴로움 속에서도 그대의 친필을 읽는 순간, 두 번이고 세 번이고 읽을수록 새로운 것들을 찾을 수 있는 시간과 사랑하는 그대를 연상할 수 있는 시간만은 아무리 길어도 지루할 줄 모르며 시간의 흐름을 안타까와하지 않아요.

오직 그대의 참된 사랑만이 나를 위안해줄 수 있고 괴로움을 타승할 수 있게 해요. 그대를 그릴 수 있는 이 시간만은 가장 행복한 시간이예요. 언제나 이러한 시간적 계열만 있었으면 합니다."

"그리운 이여, 제3자로서 어떠어떠하다구요? 그럴 필요는 없습니다. 저는 오늘 새로운 소식을 전하렵니다. 저를 잘못 이해하지 마십시오. 아다시피 그대와 나 사이에는 갖은 곡곡과 파동, 오해들이 있었지요. 쓸데없는 번민에 시달리게 했습니다. 그러나 이와 같은 긴 시간 내에도 꺼질 줄 모르는 두터운 우정! 모르는 바 아닙니다. 이는 오랫동안의 고험과도 같이 되고 있는 듯 합니다.

오랫동안 고민에 시달리게 했습니다. 모든 것을 양해하실 줄 믿습니다. 또 마땅히 양해하셔야지요.

솔직히 고백해서 저는 많은 총각들의 요구를 들었으나 아직까지 한 번도 저의 사랑의 감정을 고백한 적은 없습니다. 그것은 다 아는 진실 이예요. 누구나 단 한 사람만을 사랑할 수 있기 때문이에요. 불연이면 팔방미인이 될 거예요. 처녀의 마음이 조금도 동하지 않았을 때 혼자만 이 생각하는 짝사랑이 되는 듯해요. 저는 이와 같은 경우를 직접 당해본 적 있습니다."

나는 이처럼 편지로 지나치게 깐작거리며 님을 괴롭히고 정력을 낭비했다. 사내애는 태어날 때 심술통 하나를 달고 나온다더니 그른 데 없는 말이다.

더욱 불타는 사랑의 불길

그렇게도 순수하고 순수한 그녀의 마음을 괴롭힌 뒤, 불필요한 곳에 정력을 낭비한 끝에 우리의 사랑은 더욱 불타올랐다.

나는 이렇게 썼다.

"그대의 편지를 받은 그 순간, 가슴 두근거리고 기쁨에 못 이여 아무 것도 보지 못하고 달콤한 사랑의 편지 속에 얼굴을 묻었어요. 그리고는 그대의 뜨거운 입술을 느끼면서 내 몸을 그대에게 맡기고 뜨거운 사랑에 운명을 넘겨주는 그대의 무릎에 잠들고 싶어요. 아 별나라로 떠나는 꿈속에 잠기게 되겠지요.

그대만을, 오직 그대만을 믿기 때문에 측은한 처녀들의 눈길을 죄다 외면할 것입니다. 뜨겁게 사랑해주세요. 나는 평생 꺼질 줄 모르는 사랑의 화신이 되겠습니다. 껴안고 머리를 쓸면서 희망을 속삭이는 건 얼마나 행복합니까?"

그녀의 회답편지는 절규하다시피 부르짖는 것이었다.

"공연히 우리들 사이에 절벽을 쌓을 필요는 없잖아요.

사람들은 격분했다가도 그것이 계급적 대립이 아닌 이상 반드시 후회할 때가 있을 겁니다. 나는 결코 다른 젊은이를 생각해본 적이 없습니다. 세상엔 그대를 사랑하는 나의 끓는 마음을 대신해줄 어휘는 아직 없습니다 ”

그리고는 이쁘게 찍은 독사진 한 장을 보내여왔다. 나는 사진 뒤에 「그대에게」라는 시를 썼다.

그대에게

내 여태껏 그대의 모습보다
아름다운 그림은 찾아보지 못했노라

내 여태껏 그대의 마음보다
정다운 애정시는 읽어보지 못했노라

내 만약 아름다운 그대 모습 그린다면
그대의 정다운 마음씨는 어이하랴

내 만약 절절한 사랑의 시 쓴다면
샘물마냥 용솟음쳐 붓을 놓지 못하리

내력이 있는 시이다. 목단강시에서 대학시험을 위해 자습하고 있을 때 이웃집 노인이 내가 시를 쓴다니까 김삿갓의 시라면서 한자로 된 시 한 수를 읊어 주었다.

죽장피운삼보립竹杖披雲三步立
산청석백간간화山青石白間間花

약사화공모차경若使畵工摹此景
기여임하조성하其如林下鳥聲何

그리고는 우리 말로 풀이해주었다.

참대지팡이로 구름 걷으며 세 발 나아가 멈춰서니
산 푸르고 돌 하얀데 사이사이 꽃이 있네
만약 화공 시켜 이 경치를 그리게 한다면
그 수풀 속 새소리는 어이할고?

그 시가 마음에 들어 나는 수첩에 베껴두고 외웠다. 마지막 두 구절이 "만약 화공 시켜 이 경치를 그리게 한다면 그 수풀 속 새소리는 어이할고"라는 구절의 영향을 받아 「그대에게」를 써냈다. 그런데 그 시가 정말 김삿갓의 시인지 알지 못해 궁금하던 차에 근 50년이 지나 2005년 여름에 우연히 둘째아들 동혁이를 보고 말을 꺼냈다. 고양이뿔을 내놓고는 뭐나 흥미를 갖는 그 애가 자료를 찾아보고는 김삿갓이 경치를 읊은 시 중에서 최고라는 평을 듣는 「경치를 감상하며(賞景상경)」의 몇 글자가 바뀌어 전해졌더라면서 원본을 찾아왔다.

첫 줄이 "한 걸음 두 걸음 세 걸음 가다가 서서(一步二步三步立(일보이보삼보립)"인데 어쩐지 수십 년 입에 익은 구절보다 못한 듯한 느낌이 들었다. 시를 외우고 풀이하던 노인의 모습이 눈앞에 떠오르면서 잠깐 젊은 시절로 돌아가 보았다.

첫 키스

나이를 스무살 먹도록 키스가 뭔지 모르고 지냈다. 연인과 친구와 셋이서 소련영화를 구경하다가 키스 장면을 보고 나도 저렇게 해보리라 별렀다.

우리 셋은 영화관에서 나와 서로 헤어져야 했다. 한켠에서 친구가 나를 기다리니 조급한데다가 경험이 없는 키스를 하자니 부자연스럽고 마음이 두근거렸다. 말을 못하고 제꺽 키스를 한다는 것이 연인의 콧등에다 입술을 찍고 말았다.

그 후 더구나 어처구니없는 일이 생겼다. 나의 그 엉터리키스를 받고 연인이 여러 날 동안 임신될까봐 겁을 먹었다고 했다.

"무엇이 임신일줄 몰라? 학교에서 어떻게 생물을 배웠어?"

"이성이 접촉되니 몸이 짜릿해났어. 그래서 임신이 되는 줄 알았지."

"첫, 바보 같은 소릴 다하네."

내 말에 아내가 뾰루퉁했다.

"그렇게 뭐나 다 잘 아는 게 키스는 왜 남의 콧등에다 했나?"

나는 할 말이 없었다.

목걸이

약혼을 하자 나는 목걸이 하나를 샀다.

"제가 어떻게 이걸 걸고 다녀요?"

마음씨가 여린 연인은 오히려 난처해한다. 복숭아형의 목걸이금품을 열어보았다. 그 속에 콩알만한 나의 사진과 연인의 사진을 넣었다.

연인은 놀라워한다.

"어쩌면 이런 기발한 생각을 다했어요?"

"사랑의 행위란 누가 가르쳐주지 않아도 되는 거지."

"전 이 귀중한 선물을 잘 보관해두겠어요."

그런데 연인은 그 후 목걸이를 그만 잃어버렸다. 어디서 어떻게 잃었는지 모른다. 사랑이 깨진 게나 아닌가 하고 밤마다 눈물로 베개를 적셨다 한다. 어쩌면 이리도 마음이 단순할까?

어느 날 이웃집 친구 집에 놀러갔다가 그 집 소녀가 공기 질을 하고 있는데 복숭아금품을 공기돌로 삼고 놀았단다.

"얘, 너 이걸 어디서 가졌지? 내거다."

하면서 그 금품을 열어보였다. 우리의 사진이 나타났다. 그 애가 눈이 휘둥그레진다.

뜻밖에 목걸이를 찾았다. 금품 속에 사진이 없었다면 찾지 못했을는지 모른다. 잃을 때도 우연히, 찾을 때도 우연히, 사랑이란 이런 걸까? 울다가도 웃을 일, 사랑은 깊어만 간다.

반세기 남아 보존된 목걸이는 도금이 벗겨졌지만 여전히 첫 사랑의 빛을 뿌린다.

온 몸으로 온 마음으로

우리의 사랑은 막 버그러지는 꽃송이, 아니 요원의 불길, 달려오는 홍수처럼 뒤번지고 있었다.

"왜 소식이 없어요. 그렇게 남의 속을 태울 법이야 있나요? 그대의 편지를 받기 전에는 다시 쓸 용기가 없어 그저 절망적으로 오후 한 시만을 기다리고 있어요. 온 하루를 망치면서 기다리던 그 시각에 편지가 없을 때면 가슴이 미여지는 듯 한 실망 속에 빠지군 합니다. 사랑이란 매력 있는 것만이 아니라 모 경우에는 비애도 자아내는가 봅니다.

나는 처음으로 이 같은 고통을 침울하게 느껴요. 열정적이며 극진히 사랑하던 그대의 편지가 오지 않는다는 건 얼마나 무서운 일이예요. 무서워요.

앉으나 서나 나의 온 정신은 그대에게로 쏠리고 있어요. 나는 무엇이 이렇게까지 되게 하였는가 하는 것을 생각해보기도 하지요. 퍽 재미나는 인간다운 삶이 시작된 게지요. 무엇을 사랑할 수 있으며 무엇을 생각할 수 있으며 기쁨과 비애를 느낄 수 있다는 데서……

지난날들이 퍽그나 후회되는군요. 용서하세요. 다시는 이와 같이 하지 맙시다. 이것은 슬픔이예요. 정서적이 되지 못해요. 그대의 요원한 포부에 저의 뜨거운 사랑의 감정을 부어드리지요.

사랑하는 그대여, 홍5월엔 교사절도 포함 되였지요. 그날을 기쁘게 보내세요. 금년 7월 2일은 나의 정치생명 5주년 기념일이예요. 그대는 이날을 축복해주세요. 나는 그만 4월 28일(나의 입단일)을 깜빡 잊었군요. 용서하세요……"

"영원히 그대의 아늑한 사랑을 맛보며 호흡하는 그대의 사람으로 되고 싶어요. 그대는 나의 유일한 사랑이며 나를 힘껏 포옹해줄 단 하나밖에 없는 존재로 되고 있으며 또 영원히 그럴 것이지요.

이번 일로 하여 퍽 그대에게 괴로움을 끼친 것 같군요. 꼭 그랬을 테지요. 나 역시 안정한 편은 못돼요.

지금쯤은 밝은 전등 아래에서 그대는 부지런히 펜을 달리고 있을 테지요. 꾸준히 하세요. 적극적인 면에서 쟁취하세요."

순덕의 사랑은 나의 위안이고 힘이며 추동이다. 내 사랑의 시는 그녀가 만들어낸 것이다. 그는 시의 길을 걷는 나의 등을 밀어주었다. 그녀는 시인 한 사람을 만들어준다.

순덕이는 또 이렇게 사랑의 간절한 감정을 절절하게 썼다.

"그대의 편지는 얼마나 나로 하여금 행복감에 사로잡히게 하는지 알겠어요? 무서운 폭풍우를 지나 익어가는 우리의 사랑을 보게 된 것은 얼마나 기쁜 일입니까?

여보세요, 사실 말이지 나는 그대의 편지를 받는 순간 복잡한 감정에 참기 힘든 마음의 고초를 겪었던 것이에요. 용서하세요. 그러나 그것은 사실이에요. 과연 내가 그대를 믿은 것은 헛되지 않았음을 확신하게 됐어요. 그래서 못 견디게 우리들의 첫 상봉을 기다리게 됩니다. 그때면 그대의 따뜻한 품안으로 달려가려 합니다. 그대의 따뜻한 그리고 다정한 키스를 원합니다.

나는 자신을 가지고 말하겠어요. 그대의 유감없는 사랑으로 되기 위해 영원히 동반하여 전진하는 정다운 배우자로 되기 위해 반드시 건강을 회복하여 그대의 충실한 사랑을 기다리겠어요."

편지 귀퉁이

순덕이가 이젠 내 아내가 다 된 듯싶다.

매일 일기를 쓰고 편지를 수없이 보냈다.

님에게서 편지가 또 왔다. 헌데 오른쪽 아래 귀퉁이가 모두 "?"자로 베여져 있지 않은가?

왜 편지 귀퉁이를 베였을까? 아무리 생각해보아도 알 수 없다. 아마도 이게 무슨 암호겠지. 무슨 암호인지도 모르고 에라 나도 똑같은 마음이란 뜻으로 편지지 귀퉁이들을 베서 보내면 안 될까?

편지지 귀퉁이마다 "?"자로 벴다. 베서 보내놓고 생각하니 웃음이 나간다.

훗날 그녀를 만났을 때 이 일을 물었더니 학생시절에 귀퉁이들에 도장을 찍었는데 그게 보기 싫어져서 베버렸단다.

"그런데 왜 회답편지에 귀퉁이를 벴어요?"

"난 무슨 암호인 줄 알았지. 꼭 같이 행동하면 알아줄 거라고 여겼어."

"그렇게도 쩨쩨하단 말이에요?"

그제야 내 옅은 속이 빤히 들여다보인 게여서 여간 부끄럽지 않다.

그 후 한 번은 편지에 쓴 글씨가 볼모양 없었다.

알고 보니 오른쪽 팔목에 이상이 생겨서 수술을 받고 왼손으로 편지를 쓴 것이다. 그제야 나는 왼손으로 쓴 글씨가 이렇게도 이쁜가 싶었다. 우리가 수많은 연애편지를 주고받는 사이에 이처럼 편지 귀퉁이를 벤 일도 있고 왼손으로 쓴 편지도 있는 것이다. 참 잊지 못할 사랑의 로망스다.

일기책 도난사건

우리들의 사랑은 그녀의 요구대로 비밀에 붙일 수는 없었다. 나는 그녀가 처음으로 쌍태머리를 한 독사진을 받아가지고 벽에다 뻐젓이 걸었고 일기를 매일 같이 썼다.

교장선생이 내 숙소에 왔다. 벽에 건 순덕이 사진을 보고 말했다.

"순덕이는 사범학교 일등 미인이여. 예절이나 말씨도 전형적인 조선족 여자야. 참 짝을 잘 맞췄어."

연신 칭찬했다.

그런데 어느 날 밤에 일기를 쓰려니 일기책이 없어졌다. 아무리 뒤져봐도 나타나지 않는다.

교장선생이 가져간 것 같다. 교장선생은 사범학교 때 교도주임선생이고 교육학을 가르치셨다. 나를 무척 귀여워했는데 그러다가 이렇게 벌리 중학교에서 같이 일하게 된 것이다.

나는 오금에 비파소리 나게 교장실로 뛰어갔다.

교장실에 불이 빤히 켜져 있지 않은가? 나는 다짜고짜

로 문을 뚝 떼고 들어섰다.

교장이 화뜰 놀라며 내 일기책을 등 뒤로 가져간다.

“남의 비밀을 마음대로 가져다 봐서 됩니까? 법을 어기는 행동입니다!”

교장은 어설프게 허허 웃으며 말한다.

“거기 앉소. 앉아서 조용조용 얘기하기오.”

“난 얘기할 게 없습니다.”

곁으로 다가가 일기책을 잡아챘다.

일기책에는 별의별 얘기를 다 썼는데 염치없이 가져다 보다니? 분해서 며칠 동안 교장과 얘기를 안 했다. 그 무슨 “미인”이요 뭐요 하더니 눈가림을 시킨 행위였구나! 이 일을 님에게 알렸더니 님은 가볍게 스쳐버렸다.

“성을 낼 건 뭐예요. 웃고 지나면 그 뿐인걸.”

항상 양보하기 좋아하는 그녀라 대수롭지 않게 여긴다.

사실 교장선생에게도 귀한 딸이 있었다. 순덕이의 남동생, 즉 나의 미래 처남의 동창생이다. 둘은 학교에서 같이 춤을 췄고 둘 다 공부를 잘했단다. 둘 사이 우정이 퍼그나 깊었던 모양이다. 이런 것도 나는 일기에 적어 넣곤 했다. 교장선생은 아버지로서 딸의 형편을 알고 싶었을 것이다.

순덕이는 자기 이름을 고치기로 했단다. “순덕”이가 남자 이름이기 때문이라나. 그래서 장인이 고쳐주셨다는 이름이 “세영世榮”, 역시 남자 이름이다. 이름이 그녀의 용모와 마음씨, 말씨와 얼마나 어울리지 않는가? 그야말로 불협화음이다.

내가 이름을 지어주기로 하지. 오랫동안 생각한 끝에 지어준 이름이 "미례美禮", 아름다운 예절이라는 뜻이다.

이때로부터 우리 둘 사이에는 이 "미례"라는 이름으로 편지를 주고받았다. 연애편지의 비밀이기도 하다.

상봉

1956년 음력설, 겨울 방학에 목단강시로 님 만나러 떠났다. 나도 어지간히 참을성이 있고 질긴 사람이다. 사범학교를 졸업하고 이태 만에 만난다. 사실 나는 무엇이 사랑인지도 모르고 어떻게 사랑하는지도 모르는 애송이었다.

내가 월급을 타 가지고 사지천으로 옷 한 벌을 지어 입고 갔더니 님은 토목천 옷을 깨끗이 빨아 입고 왔다. 기념품을 살 줄 모르고 기념사진을 찍을 줄도 몰랐다. 처가로 인사하러 갈 때는 술 한 근 살줄조차 몰랐다. 이렇게 어리숙한 사람인데 그녀는 아무런 불만도 없다. 나는 이것이 부끄러운 일인지도 모르고 있었다. 썩 후에야 세상물정에 눈을 뜨고 가책을 느꼈다.

그녀와 같이 영화를 구경하고 영화에서 본 것처럼 키스를 한다는 것이 너무 헤덤비어 콧등에 입술을 찍고 말았다. 그녀가 사진관에 가서 사진을 찍자고 제의했다. 약혼사진이었다. 사진사가 "약혼기념 56년 2월 24일"이라는 글을 써넣었다. 그녀가 남 보기 부끄럽다면서 글자를 붓으로 지워버렸다.

처갓집으로 술 한 근 사서 들지 않고 들어갔다가 장인이 "아직 큰 포부를 갖고 큰 사람 될 희망을 갖지 않고 새파란 나이에 벌써부터 약혼이니 뭐니 하고 다닌다"고 꾸짖었다. 처갓집도 별난 처갓집이 다 있구나 하는 생각이 들었다.

그녀는 41원이라는 적은 월급으로 늙으신 부모님을 모시고 학교를 다니는 세 남동생의 학비를 대주는 형편이었다. 그러니 그녀가 무엇으로 몸치장을 하겠는가? 이런 형편인데도 새 책이 나오면 어김없이 사서는 내게로 보내곤 했다. 수첩과 만년필을 사서 주기도 했다.

여자들의 생각이란 남자들보다 섬세하고 빈 틈 없다. 내 재간은 큰 소리 치는 것밖에 없다.

나는 용모도 마음도 이쁜 미례를 진심으로 사랑했다. 우리는 시골의 실개천 가에 앉아 달밤을 즐겼고 목단당시 밤거리를 거닐며 밤을 새우기도 했다. 1950년대에 나는 또 그대에게 바치는 시를 썼다.

주절대는 개울물도
그대가 놀래운 게 아닌가요

내 가슴도 그대로 하여
높이 뛰고 있는데

두둥실 떠오르는 보름달은
그 누가 보내온 황금공인가요

뜨겁게 맞잡은 손과 손에는
둥글게 가득찬 사랑이 있는데

—자작시 「내가에서」—

낭만

벌리중학교에는 총각선생이 여럿이 있다. 선생들은 나를 "총각동맹 위원장"이라고 놀려준다.

총각선생들은 거의 다 음악과 춤을 즐겼다. 나는 퉁소, 호금, 기타, 바이올린 등 경악기를 갖고 놀기를 즐겼다. 악기가 없으면 빗자루라도 들고 나서서 총각합창단을 지휘했다.

나는 그림도 그렸다. 연필화나 철필화로 모작을 수 없이 그려봤다. 시에다 그림에다 별의별 귀신딱지 같은 걸 벽에다 다닥다닥 붙이곤 했다. 시를 제일 사랑하기는 했지만 아직도 넘쳐나는 듯 한 재능을 어디에 쏟으면 좋을지 몰라 여러 모로 시도하면서 방황하던 시절이었다.

파악이 없는 습작품을 많이도 썼다. 학교에 있는 도서를 부지런히 탐독했고 일기도 계속 썼다. 책을 보기는 많이 봤지만 내가 쓰는 글이라야 짧은 시작품이고 그것마저 실패작들이었다.

1956년 스무 살이 되는 해에 「연변문예(연변문학)」지에 시 몇 수를 투고했더니 편집부에서는 짧은 시 한 수를 먼저 발표해주면서 나머지는 보관해두었다가 다음해에 발표해준다고 알렸다. 가느다란 희망의 실오리가 보인 것이다. 처녀작이 발표된 소식을 듣고 미례는 나보다도 더 기뻐했다. 나에게 고무해주는 편지를 보내왔다. 힘을 실어주니 흥이 났다. 뒷심으로 된 약혼녀, 그는 나의 보호자이며 위안이다.

나는 사랑에 빠져서 세상이 한 줌만 했고 문학탐구의 길에 미친 듯이 정력을 몰 부었다. 그러면서도 대학시험을 거쳐서 대학문에 들어서리라 속다짐했다.

사랑은 이미 맺은 바이니 책을 읽고 글을 쓰는 것이 내가 하는 일이었다. 대학입학시험준비는 겉둥치기였다.

님과 내가 동시에 대학입학시험을 치기로 약속했다. 우리는 얼마나 청춘의 꿈에 부풀어 올랐던가?

학생들이 내 방에 모여오지 않으면 내가 학생들의 숙소에 찾아가 문학이야기를 나누기도 했다.

이제 어떤 인생의 고비가 기다리고 있는지도 모르고 나는 비길 데 없이 유쾌해졌다.

좌절과 고민

뜻을 품고 꿈을 이루자면 대학을 가야 한다고 여겼다. 이리하여 둘 다 대학입학시험준비를 하였다. 나는 문학에 님은 이과에.

소리 없이 자습을 했다. 이런 주장은 님이 말해서 나의 마음을 움직이고 나에게 또 힘을 실어준 것이다.

불행하게도 님이 갑자기 중병에 걸렸다는 소식이 왔다. 대학입학시험준비를 포기했단다. 약혼을 한 지 1년이 되기 전에 중병에 걸렸으니 이 일을 어떻게 할 것인가?

미례는 남모르는 고통을 겪고 있다. 청산을 맞은 뒤 늙으신 부모님을 모시고 세 동생의 공부를 대주기 어려웠다. 배고픈 설움을 안고 의복과 신이 변변치 못해 발을 얼리고 추위에 떨던 소녀가 극빈의 고통 뒤 끝에 침윤성 폐결핵에 걸린 것이다. 말과 행동에 늘 조심해야 하는 그 세월에 형성된 내성적 성격 또한 타격이 아닐 수 없다.

그녀의 아버지는 어려서부터 고아였다. 조선 경상남도에서 홀몸으로 중국에 들어왔단다. 한족대지주집 머슴살이를 하며 뼈 빠지게 일해서 재산을 이루었다. 1920년대에는 북만주에 비옥한 토지가 많아서 농사를 지으면 벌 수 있었다. 번 돈으로 땅을 사들이곤 했단다. 이것은 죄로 될 수 없다. 땅이 많아지니 머슴을 두지 않을 수 없다. 그것이 착취행위란다. 어르신님은 번 돈으로 유치원을 꾸리고 개명신사처럼 돈을 빛이 나게 쓸 줄도 알았다.

혁명이 일어나자 세상이 바뀐 것이다. 하루아침에 사람을 끌어다 두들겨 패고 실오리 하나 남기지 않고 재물과 토지를 빼앗고 전라도 마을로 쫓아버렸다. 부모님의 죄악이라 쳐도 그 자식들에게야 무슨 죄겠는가? 그러나 그 고통을 어린 자식들이 받아 안아야 했다. 함부로 말을 못하고 고생스러워도 고생스럽다는 말을 못한다. 결국 건강이 나빠지고 중병이 걸린 가련한 소녀. 총명하고 명랑하고 이쁜 소녀가 시들어간다.

그녀는 자기의 앞날이 막힌 것으로 보고 한 줄기 희망을 오로지 나에게 기탁했다. 자기는 대학을 갈 수 없지만 나는 기어이 성공해야 한다고 했다.

시험 준비를 할 때 나는 하루도 청가를 맡은 적이 없이 사업을 계속했다. 게다가 독서와 창작이 어느덧 고질병으로 되어서 계속 책을 읽고 글을 썼다.

미례는 목단강시 병원에 입원했다. 내 머리는 더욱 복잡해졌다. 그러니 겉둥치기 시험 준비는 말이 아니었다.

결국 나는 낙방이 되었다. 나도 눈앞이 캄캄해났다. 그러나 그녀는 나에게 계속 고무를 해준다. 나는 국가에서 배치한 사업터를 떠나기로 마음먹었다. 님은 한사코 반대다. 어려서부터 고집불통으로 소문난 내가 한 번 먹은 마음을 돌려세울 리 만무하다. 나는 사직서를 썼다.

사직서

이는 하나의 사건이 아닐 수 없다. 아마도 나처럼 "경거망동"을 한 사람은 보기 드물 것이다.

교장선생은 나를 보고 "이렇게 하면 큰 착오를 범한다"고 했다. 사범을 3년 다녔으니 3년을 복무해야 한다. 그렇지 않으면 배상해야 한다. 내년에 추천할 테니 조간생이 되어가지고 월급을 받으면서 대학공부를 하게 할 터이다. 사직을 하지 말라. 등등 나를 이리 구슬리고 저리 구슬렸다.

나는 이제 남은 반년이 귀중하다. 정력을 집중해서 자습해야겠다고 응대했다.

교장선생이 편지 한 통을 나에게 내놓았다.

"보우, 순덕이 보낸 편지요. 자기는 동무의 사직을 절대로 동의하지 않는다고 했소."

"그가 어떻게 나를 말릴 수 있습니까? 나는 자습을 해야 합니다. 학교는 저를 비끄러매지 못합니다. 비준하지 않으면 이대로 떠나겠습니다."

막무가내였다. 교장선생이 다시 나를 불렀다.

"동의하기로 했소. 자습을 잘 해서 어떻게 하나 대학에 가오. 만약 못 가게 되면 다시 날 찾아오우. 사업을 배치해 줄 터이니."

"고맙습니다."

이렇게 나는 정든 벌리를 떠나 목단강시로 자리를 옮겼다. 그때 조선문 〈목단강일보〉사가 섰다. 권태준선생이 편집반공실주임이었다. 권선생님은 밀산조선족중학교 교도주임으로 계실 때 나에게 작문콩쿠르 1등상을 주시고 나를 칭찬해주신 은사이다. 내가 선생님을 찾아갔을 때 선생은 무척 반가워했다.

"대학을 가지 마오. 우리 신문사에 오우. 대학을 가봐야 그저 그렇지. 문학편집이 공백이요." 하시며 나를 편집부에 들어오라고 했다.

"저는 대학시험을 치고 보겠습니다."

"그럼 대학에 가지 못하게 돼도 근심 마오. 우리 신문사에서 고려할 터이니."

세상일이란 이렇게도 달콤한 것인가? 나는 은사님 덕분에 마음 놓고 자습을 할 수 있었다.

밀산에서 반주임이자 문학교원이었으며 후에 내가 상지사범으로 갔을 때 역시 사범 문학교원으로 오신 한창립 선생님이 목단강고중 교원으로 계셨다. 선생님은 나를 친자식처럼 돌봐주시며 자신의 교안지를 빌려주시고 또 자습을 지도하시기도 했다.

나하고 같이 사숙을 한 학생은 둘이었다. 둘 다 벌리중학 졸업생이다. 그중 강성기는 한족 고중을 졸업하고 재차 시험 준비를 하느라고 공장에서 일하며 자습을 했다. 겨울이 다 됐는데도 솜옷을 입지 못하고 있으므로 나의 적은 퇴직금을 선대해주어서 겨울의복을 해결하게 했다. 훗날 그는 조선의 김일성종합대학을 나왔다.

약혼녀는 몸이 호전되어 퇴원했으나 자주 재발하여 휴양 중에 있다. 바싹 마른 그녀가 드문드문 나를 찾아왔다. 줄기침을 그냥 기ㅊ고 있었다.

그녀가 기침을 기ㅊ을 때마다 내 가슴은 찢어지는 듯했다. 허나 우리의 사랑은 더욱 여물어갔다.

한편 나는 계속 글을 썼다. 《목단강일보》와 『연변문예』에 몇 수의 시를 발표했는데 원고료는 한 수에 10원, 그때 10원이면 한 달 식비가 됐다.

나의 졸작이 발표될 때마다 그녀는 자기 일처럼 기뻐했다.

Ⅲ. 어디로 갈 것인가

얼음과자
대학에서 4년
처갓집
가난한 처갓집
사돈보기
결혼
한복
아들
어디로 갈 것인가
아내의 전근
집
공작대원이 되다

얼음과자

약혼을 한 뒤 님은 대학입학시험을 포기하고 병 치료에 전념했고 나는 두 해 만에야 대학입학을 했다. 별반 달콤한 연애를 해보지 못하고 멀리 갈라져야 했다.

대학으로 가기 전 어느 날 밤 단 둘이 목단강시 밤거리를 거닐었다. 목단강시 복판에 놓인 중장철로를 따라 나란히 가다가 기관차에서 화부가 석탄재를 내버리며 심술을 부리는 바람에 재를 뒤집어쓰고 그 자리를 떠나야 했다.

갑자기 갈증이 났다. 길가에 물 파는 물통이 있는 걸 보고 수도꼭지에 입을 대고 물을 마시다가 주인이 나와 소리를 지르는 바람에 또 그 자리를 떠났다. 그런데 미례가 보이지 않는다. 어디로 갔을까?

이윽고 약혼녀가 왔다. 시어미 역정에 개 옆구리 찬다고 그녀가 오자 나는 버럭 성을 냈다.

"어디로 말없이 갔다 왔어?"

마음이 약한 그녀는 대답이 없다.

"도대체 뭘 하러 어디로 다녀왔소?"

내가 다시 따져 물었다.

"빙궐(얼음과자)을 사러 갔댔어요. 목이 말라하는 걸 보고."

"샀어?"

"금방 죄다 버렸어요."

"왜 버렸나?"

"너무도 화를 내서 무서웠어요."

마음이 약하기로 이렇게도 약하단 말인가? 여자들이란 참.

이것이 내가 학교로 가기 전 연애를 하면서 밤거리를 거닐던 잊지 못할 부끄러운 추억이다.

대학에서 4년

나는 오랜만에 집으로 가 있다가 할 일이 없으니 개학 한 달 전에 연변대학으로 갔다. 상급생들이 방학 때부터 반우파투쟁을 하느라고 눈코 뜰 새 없다.

무엇이 "대명대방大鳴大放"인지 우파가 무엇인지 아무 것도 모르고 있었다. 내가 사직하고 자습을 하고 있을 때 전국에서 인텔리들을 겨냥한 큰 운동이 벌어진 것이었다. "대명대방"이란 무슨 말이나 다 하라는 의미인데 집정한 공산당에 무슨 의견이든 제기하라고 권장했다. 뒷날 모택동 주석은 이 대명대방이 독사를 유인해 굴에서 나오게 한 다음 뚜들겨대는 전술이라고 실토했다.

개학이 되자 우리 같은 신입생들은 상급생들과 같이 반우파투쟁을 하게 됐다. 내가 반장으로 임명된 것으로 보아 시험성적이 괜찮은 모양이다. 반장이 된 덕분에 정풍整風(풍기를 정돈)영도소조의 세 성원 중의 한 사람으로 됐다.

내가 회의를 집행하게 됐다. 우파분자로 지목되어 끌려나온 학생을 비판할 때 한 학생이 이렇게 말했다.

"저 우파분자는 홍수구경을 갔다가 한다는 말이 물이

콱 불어서 연길이 떠나가면 좋겠다고 했습니다. 이 같이 당과 인민에게 악독한 심보를 품고 있습니다."

비판받는 사람은 한사코 승인하지 않았다.

회의가 끝날 무렵 내가 집행자의 신분으로 말했다.

"물이 콱 불어서 연길이 떠난다면 자기도 떠날 게 아닌가? 이렇게 말할 수 있겠는가? 앞뒤를 고려해서 사실대로 말해야 하지 않겠는가?"

"주석!" 하더니 분노의 손길들이 수풀 같이 뻗치었다.

"1학년 반장은 입장이 어디로 갔는가?"

이리하여 나는 정풍영도소조에서 쫓겨났고 당시에는 내부신문이던 〈참고소식〉을 보는 자격을 취소당했다.

배심이 나서 이번에는 역사학부에서 우파로 얻어맞는 사범동창생을 데리고 의학원 친구에게로 마실을 다녀왔다.

돌아와 보니 나의 숙소 문에 대자보가 붙었다.

"1학년 반장은 우파분자 ＊＊＊와 어디로 가서 무슨 꿍꿍이가 있었는가?"

한 학기가 지나가자 나는 반장 직에서도 떨어졌다. 반우파투쟁은 장난이 아니다. 사람을 잡는 무서운 정치투쟁인 줄 그제야 알았다. 무엇이 명방인 줄 모르고 지낸 내가 말 그대로 그물에서 빠진 우파가 아니겠는가? 이런 생각을 하니 몸서리쳤다. 당시 신입생들 속에서는 우파를 잡지 않는다는 규정이 있은 덕분에 나는 우파 감투를 쓰고 수십 년 썩지 않을 수 있었다. 만약 처음 대학시험을 쳤을 때 합격되어 1957년에 대학 2학년생이 되었더라면 나는 뛸 데 없는 우파다. "인생지사 새옹지마"라는 말이 실감날 지경이었다.

미례에게 마음의 동요를 알리는 편지를 보냈더니 그녀는 추호의 동요도 하지말고 학업에 꾸준히 힘쓰라고 고무하는 편지를 보내왔다.

그녀가 문득 학교로 찾아왔다.

나는 반가웠다. 그러나 초풍을 할 지경으로 놀라기도 했다. 님은 병에 시달리고 힘든 교단생활에서 건강이 말이 아니었다.

그 무슨 임파에 병이 들고 후두염에 걸려서 목소리가 쐭 쐭 하여 말을 알아듣기조차 힘들었다. 거의 벙어리나 다름없었다. 연변 화룡현에 유명한 의사가 있다기에 찾아가는 길이란다. 독창가수나 다름없던 그가 목소리가 쉬어버리면 교단에 올라서지 못한다.

그녀는 이와 같은 절망에 시달리면서도 도리어 나를 고무해주는 편지를 보낸 것이다.

방학에 처가로 갔다. 그녀의 목소리는 회복되었으나 맑은 음성은 영영 잃어버렸다. 어느 누가 그녀가 노래를 구성지게 불렀으리라 믿겠는가?

인생이란 나가자면 태산이요, 돌아서면 숭산이라더니 참말 살 재미가 별반 없는 것 같다. 그렇게도 바라던 대학도 와 보니 그저 그런 것이다. 나는 대학에 온 것을 후회했다. 쓰고 싶은 글이나 실컷 쓰면서 제멋대로 생활을 했을 걸 하는 생각이 문득문득 떠올랐다. 이건 죄다 어리석은 생각이었다.

처갓 집

그때는 아직 결혼전이므로 약혼녀 집이라 해야 맞을 것이다.

어르신을 뵈오러 간다는 것이 경험이 없어서 술 한 근 사들지 않고 간 것이 여간 부끄러운 일이 아니다.

"처갓집"은 큰 부자였댔는데 청산을 당하고 빈털터리가 되어 산골로 쫓겨간 것이다.

약혼녀의 부모님은 나를 보자 무척 반가와 했다. 식사를 할 때는 "묵으라, 많이 묵으라" 한다. 알짜 경상도 사투리다.

어머니께서 "우리 강원도는 경상도 말투를 제일 싫어한다"던 말씀이 떠올랐다.

빙부는 "우리 집 성분 때문에 저 애 앞길이 막힌거지." 하시더니 성분에 대한 획분에 불만을 말씀했다.

"우리 성분은 맞지 않아. 해방전 3년 경제상황을 본다면 상중농 아니면 극상해서 부농이지."

이것은 내가 약혼녀한테서 일찍 들어 안 일이다. 약혼녀는 자기의 성분이 나의 전도에 나쁜 영향을 끼칠까봐

1년 남짓 나의 사랑고백을 받아들이지 않았다.

토지개혁법에는 해방전 3년 경제정황을 보기로 됐다. "처갓집"은 해방 6년전에 경상도 함양 고향으로 돌아가려고 경작지를 거의 다 팔아치웠다 한다. 그러니 성분을 잘못 매긴게 아닌가? 지주성분이라면 애당초 적대계급으로 매장해버린다. 그런데 빙부는 다행히도 일찍 공민권을 획득했다.

그러나 나의 약혼녀는 목단강 중학교 400명 졸업생 중에서 본과 1등생으로 졸업했건만 극상해서 사범으로 가게 된 것이다. 덕분에 나는 그녀를 알게 되고 사랑을 맺은 것이다. 나쁜 일이 좋은 일로 된 것일가?

빙부는 개명신사 같았다. 손중산이며 김구 같은 분이 어떤 위인이고 공자가 어떤 성인이라는걸 쉴새없이 말씀했다.

하루는 술을 얼근히 마시고는 갑자기 나를 꾸짖었다.

"새파란 나이에 무슨 짓인가? 큰 포부가 없이 벌써부터 무슨 약혼이요 뭐요 하고 다니다니? 사람은 큰 뜻을 가져야지."

"네." 하고 나는 대답을 했지만 어리둥절했다. 빙부가 이 사위감을 싫어서 하는 말씀일가? 세상에 이런 가시아버지도 있는가?

그때까지도 나는 대학공부를 하고 작가가 되려는 꿈을 품고 있었다. 빙부의 꾸짖는 말씀이 나의 꿈에 더욱 불을 달아준게나 아닐가.

가난한 처갓집

님의 집은 성분이 지주지만 이제는 째지게 가난했다. 늙으신 부모님에 남동생 셋, 여섯 식구가 그녀의 41원 따라지 월급에 매달려 산다. 큰처남이 일자리를 해결하고 떠났지만 살림이 어렵기는 마찬가지다.

맏처남은 재간둥이고 미남이었다. 축구선수에 스케이트선수, 수영선수로 소문났고 게다가 학생 때부터 춤을 잘 춘다. 미남이어서 처녀애들이 줄줄 따랐다. 대학을 가지 못하고 북만강철공장에 가서 일자리를 얻었다. 집에는 광복년에 태어난 연년생 동생 둘이 있었는데 다 중학교를 다니고 있었다. 그녀가 어린 나이에 둘째 동생을 업어 키우느라고 오줌에 등이 절었단다. 그리고 일손을 돕느라고 호박이며 옥수수를 이고 다녔다는가.

내가 방학에 처가로 갔을 때 장인이 이렇게 말씀한 적이 있다.

"우리 집이 청산을 당하지 않았더라면 저 애가 호의호식했을 텐데 참 불쌍하지."

열 살 나이에 그녀는 두 동생을 업어 키우고 호박이나

옥수수를 이고 다니다가 허리병을 얻어서 허리에 뜸을 뜨곤 했단다. 지금도 그 미열로 요추간판돌출병을 앓고 있다.

병약한 그녀의 월급과 모자라는 배급으로 먹고 살아가기 힘드니깐 장인이 도랑 가에 가서 괭이로 '쇼폐카이황(작은 뙈기밭)'을 하여 호박이나 심으면 멀건 호박죽에다 좁쌀을 둥둥 띄워 먹는다. 그래도 나를 미래의 사위라고 아껴둔 입쌀밥을 지어 주시곤 했다. 고기를 먹지 못하니 순하디 순한 어린 두 처남들이 개울에 나가 메기를 잡아오곤 해서 비린내를 맡곤 했다.

그녀는 바싹 마를 대로 말랐다. 언제 기혼해 넘어갈지 모른다. 결핵을 고치려면 영양이 따라가야 하는데 둬 시간 교학을 하고 나면 배가 고파서 죽을 지경이었다. 다행히 장인이 염소를 쳐서 장모가 젖을 짜다가 학교로 날라오군 했다.

"제가 어떻게 이걸 먹어요?"

"넌 우리 집 기둥이다. 네가 쓰러지면 우린 다 죽는다. 어서 먹어라."

어머님 말씀에 그녀는 눈물을 삼키면서 염소젖을 마시곤 했다. 그것이 살로 갔을까? 이쁘고 공부를 잘해서 소문난 한 처녀의 가정생활이 이처럼 기막힌 것은 이 사윗감만이 알고 있다.

그 해 따라 홍수가 져서 연변의 대황구가 물에 잠기고 철길이 끊어졌다. 나는 하는 수 없이 목단강, 하르빈, 장춘으로 빙빙 돌아서 학교로 가야 했다. 순덕이는 어떻게 마련한 건지 달걀 서른 개를 삶아서 내 짐 속에 넣어준다.

장춘에 와서 그 달걀을 먹다가 그만 거지아이들이 우르르 쓸어져 들어오는 바람에 애를 먹었다. 근 20년 후에 이 일을 되살리며 〈거지아이〉라는 시를 써서 잡지에 발표한 것이 말썽을 일으키고 비판을 받았었다. 사회주의 국가에서 거지는 없어야 할 존재인데 어쩌고 하는 식이었다.

우리말로 "죽지 못해 사는 세상"이라는 말이 있다. 처가의 살림이 이렇지 않는가?

사돈보기

갈수록 심산인데 집에서는 부모님이 어서 결혼하라고 독촉이다. 어머니는 운신을 못하고 아버지는 해마다 기력이 못해 가는데 어서 며느리 지은 밥을 먹어봐야 하지 않겠는가?

나는 아직 공부를 하는 몸이어서 대학생이 결혼할 수 있는지 모를 일이고 그녀의 생활도 우리 집과 마찬가지로 작대기를 휘둘러도 거칠 게 하나 없는 형편인데 무엇으로 결혼한단 말인가?

게다가 병들고 허약한 그녀가 결혼해서 지탱할 수 있을까? 어린애를 키울 수 있는지는 둘째치고 어린애를 가질 수 있는지부터 미지수다.

나는 어려서부터 부모님의 신음소리를 들으며 자랐다. 마음은 언제나 불안과 슬픔으로 찼다. 지금도 방학에 가면 부모님이 번갈아 신음소리를 낸다.

"넌 무슨 놈의 약혼이 이렇게도 오래냐?"

하며 아버지는 내가 동의하건 말건 사돈보기를 떠난다며 술과 찰떡을 마련했다. 이렇게 '사돈보기'를 문뜩 떠났다.

아버지는 사돈보기를 오시다가 기차 안에서 점심 밥그릇을 도적 맞고는 진종일 굶었다고 한다. 젊어서부터 굶기를 밥먹듯 했다는 아버지여서 대수로워하지 않았다.

사돈집은 방이 너무 작고 가난해서 아버지와 장인이 겨우 한 방을 차지하고 밤새도록 지나온 경력을 이야기하셨다.

"저 방에 두 범이 계셔요. 두렵지 않아요?"

그녀가 날 보고 말한다. 나는 어려서부터 아버지를 무서워했는데 그녀는 나처럼 아버지를 두려워하는 모양이다.

아버지는 집으로 돌아와 이렇게 말씀했다.

"우리도 못 살지만 사돈집은 우리보다도 더 기막혀. 며느릿감은 곱긴 한데 너무 약해. 당신처럼……"

이 말씀에 어머니가 발끈하신다.

"나야 시집 와서 당신 때메 몸이 나빠졌지 처음부터 나빴는가요?"

아버지는 잘못 비긴 것이 미안한지 말머리를 엉뚱하게 돌리었다.

"얘, 네 장인 되시는 어른은 발이 병신 아니냐?"

장인의 발등이 낙타 등처럼 몹시 휘었다. 그런 발로는 먼 길을 다녀도 발병이 나지 않는다.

아버지는 또 뜻밖에 정치적인 얘기를 했다.

"자기 힘으로 벌어서 부자가 된 건데 뭐가 잘못이야? 하나도 남기지 않고 청산을 하다니?"

“머슴을 뒀으니 착취를 한 게지요. 착취가 없는 사회를 만들고 다 같이 잘 먹고 잘 사는 사회주의를 만드는 것이지요.”

“듣기 싫다. 다 같이 잘 먹고 잘 산다는 게 이 모양 이 꼴이냐?”

“아버지 밖에 나가선 이런 말씀하지 마세요.”

나는 경종을 울리지 않을 수 없었다.

결혼

이제는 결혼을 하게 된다.

대학생이 결혼을 해서 되는지를 모르고 교부에 가서 결혼비준을 요구했더니 소개신을 제꺽 떼 준다. 별 이유를 장황하게 늘여놓지 않았는 데도 말이다.

내가 할 일이 뭔지를 모르겠다. 우선 번듯한 양복저고리가 없다. 우리 반의 장의원이 조선 주재 중국대사관에서 일을 하다가 학교에 왔으므로 값진 옷이 몇 벌 있었다. 장 씨의 옷을 빌려 입기로 했다. 바지는 별 문제다. 신이 없어서 장에 나가 싸구려 돼지가죽구두를 사서 신었다. 날씨 변화에 따라 줄었다 늘었다 하는 신이어서 발이 몹시 아프다. 나의 준비란 이것이 전부다. 기념품교환이 있을 텐데 돈이 있어야 사지? 나는 시를 쓰는 사람이니깐 애정시 묶음을 정리해 자그마한 육필시집을 기념으로 주기로 작심하고 습작품들을 정리했다.

결혼날짜는 1960년 음력설로 잡았다. 목도선(목단강-도문) 기차를 타고 동경성 님의 집으로 갔다. 그 즈음 그녀는 동경성진의 한 학교로 전근한 것이다. 모든 결혼준비는 미례가 혼자서 다 한 것이다. 동경성진에서 결혼증을 냈다. 그녀는 혼자서 신랑 신부 잔칫상을 마련했고 중학교의 관현악대도 동원했다.

나는 그저 몸만 달랑 가지고 갔을 뿐이다. 형식적으로 동창생 이길호네 집에서 소수레를 타고 색시를 데리러 처가로 갔다. 길호씨가 소를 몰았다. 소수레를 타게 되는 것이 어찌나 우스운지 몰랐다.

처가로 도착하니 그녀가 새각시 치장을 하고 곱게 앉아 있다. 나는 길호씨가 시키는 대로 어른들에게 절을 하고 새각시 손목을 잡고 다시 소수레에 올랐다.

학교 결혼식장으로 갔다. 학교에서 관현악이 "쿵작쿵작" 울리니 어깨가 절로 들썽거렸다. 주례는 중학교 교장이 맡은 것으로 기억된다. 몇 마디 우스갯소리를 섞어가며 말하니 구석구석에서 키득거린다.

"에라 또 불자."

음악선생이 나팔을 들며 말하는 바람에 내가 그만 웃음을 참지 못했다. 그 음악선생 덕분에 나는 '결혼행진곡' 을 두 번이나 들었다.

예물교환순서에서 그녀는 나에게 새파란 만년필을 웃주머니에 꽂아주었다. 내가 주는 예물도 사실은 그녀가 마련한 것으로서 꽃수건이었다. 나의 '시집' 은 어쩔 수 없이 그 날 밤에 몰래 줬을 뿐이다.

결혼식이 끝난 뒤 우리는 동경성시골사진관에 가서 결혼사진을 찍었다. 사진을 보니 그녀가 그 어느 때보다도 예쁘게 보였다.

대반은 동경성 위생소의 여의사 김옥룡과 그의 남편인 연변의학원 학생이었다.

돌아와서 신랑, 신부 상에 앉았다. 길호씨와 대반이 날 보고 체면을 차리다가는 굶을 수 있으니 배부르게 먹으라고 부탁한다. 기꺼이 먹어주었다. 좋은 음식을 본지 오래니깐 먹을수록 먹고 싶었다. 그러다가 밥그릇 속에 파묻은 달걀을 먹으라 하는데 달걀을 파내기는 쉬웠지만 이미 배가 부른 뒤라 무진 애를 써서야 그 달걀이 겨우 목구멍을 넘어주었다. 나는 이렇게 결혼이라는 이 힘든 일을 어물쩍하게 넘겨버렸다.

지금처럼 결혼을 하는데 애를 먹이면 어쩔 뻔했는가? 그때는 사람들이 순진하고 야료를 부릴 줄 몰라서 이렇게 쉬운 장가는 열 번이라도 다시 갈 수 있을 거다.

나의 소시집은 거개가 미숙한 것인데 그 중에서 「그대에게」, 「뜨락에 달빛이 차고」, 「냇가에서」 세 수 만은 괜찮은 시편이라고 생각돼서 30-40년 후에 지상에다 발표했다.

한복

한복이 워낙 예쁜데 거기에 너울을 쓰니 더욱 예쁘다. 님은 학교를 졸업하고 교단에 오르던 처녀시절부터 한복입기를 즐겼다. 흰 옥양목저고리에 깜장치마를 늘 입는다. 그녀는 혼자서라도 한복을 입는다. 흑룡강성에는 우리 조선족이 많지 않아서 한복을 입은 여성을 보기 힘들지만 농촌부녀들은 한복을 입는다. 그러나 시가지 여성들과 사업을 하는 여성간부들은 바지를 입기 좋아한다.

그런데 우리 님은 혼자서도 한복을 입는다. 한복을 입고 교단에 나서면 학생들이 즐거워하는 모양이다. 호리호리한 체격에 갈핏한 얼굴, 한복이 참 잘 어울린다.

내가 님을 좋아하기에 따라서 한복을 좋아하기도 하지만, 돌이켜보면 내가 어려서 줄곧 한복을 입은 적이 있다. 내가 소학교를 다닐 적에 어머니가 한복을 지어 입혔다. 싫어도 입어야 했고 좋아도 입어야 했다. 새것이든지 낡은 천으로 지은 것이든지 가릴 여유가 없다. 중학교에 가서부터 한복을 입지 않았다. 우리 어머니도 항상 한복을 입으셨다. 그런데 백년가약을 맺은 님이 한복을 즐겨

입으니 이것도 하늘이 맺어준 인연이 아닌가 싶다.

내가 연변에 나와 대학을 다닐 때 우리 민족 여성들이 평소에 한복을 입지 않는 것이 무척 불만스러웠다. 명절 때면 모두들 울긋불긋 민족복장을 떨쳐입는다. 가혹한 정치운동이 일어나면 그것마저 보기 어렵다.

님은 연길로 전근해 와서도 그냥 한복을 입었다. 네가 죽고 내가 사는 계급투쟁의 치열한 마당에도 한복을 입고 나섰다.

1980년대에 들어와서 자치주정부에서 민족특색을 강조하느라고 한복을 입으라면서 지시하고 신문사에서도 선전했다. 그래서 우리 님이 한복을 입고 다니는 모습을 찍은 사진이 신문에 실리기도 했다.

명절이면 연길 거리가 꽃물결을 이룬다. 가지각색 한복을 입고 춤을 춘다. 꽃바다를 이룬다. 무지개가 비낀 것 같다.

"한복을 입고 다니는 여성"이라면 아무개 부인인 줄 알더니 지금은 이 말이 사라졌다. 한복을 입은 여성이 많기 때문이다. 나는 시 「한복」을 썼다.

당신의 살결처럼 부드럽습니다
당신의 체취처럼 향긋합니다
당신의 모습처럼 어여쁩니다
당신 몸에 어울리는 당신의 한복
언제나 당신을 떠날 수 없습니다

조용히 서 있으면 노을입니다
사뿐히 걸어가면 물결입니다
말쑥한 그 모습 천사입니다
마음으로 만져본 당신의 한복
이 몸도 당신을 떠날 수 없습니다

—한복—

아들

결혼 반년만에 임신을 했단다. 몸이 허약해서 외아들집 맏며느리질 못한다더니? 대를 끊으면 어쩌는가 걱정하더니.

여름 방학 때 나는 임신한 님을 데리고 부모님한테로 갔다. 손자를 안아보게 됐다고 부모님이 기뻐하신다. 동경성에서 호박국을 끓여먹으며 뱃속의 아기를 키우다가 농사가 괜찮게 된 밀산에 와서 먹고 싶은 찰옥수수를 양껏 먹을 수 있었다. 어머니는 매일 같이 밭에 나가 찰옥수수를 따다가는 맷돌에 갈아서 찰옥수수지짐을 구웠다. 님은 얼마나 굶었던지 찰옥수수지짐을 눈이 아홉이 돼서 먹어준다.

우리가 결혼한 그 해는 중국 역사에서 유명한 '3년 어려운 시기(三年困難時期)' 가 시작된 1960년이었다. 혹은 '3년 자연재해' 라고도 부르는데 자연재해인 것이 아니라 인재人災였다. 이른바 '농업 8자헌법' 을 만들어 가지고 '심경세작深耕細作' 을 할 때였다. 땅을 깊이 간다는 것이 한 미터 깊이 생땅을 파고 자갈이 나올 때까지 깊이 갈아

번지고 곡식은 빽빽이 심는 것이었다. 채 거두지 못한 곡식은 그대로 갈아엎어 버린다. 탈곡마당에 쌓아놓은 곡식을 돼지가 뒤지고 닭이 후비고 소가 와서 먹어도 관계하는 사람이 없다. 게다가 공산주의로 가는 금다리라는 인민공사에는 공공식당이 있어서 남녀노소가 모여 식사를 한다. 한 번은 아버지가 공공식당에 갔다가 돌아와 국을 끓이는 가마솥에서 어미 쥐를 건져낸 끔직한 이야기를 했다.

집집마다 시렁에다는 가짜 대식품을 만들어 얹어놓는다. 전국이 농업재해를 입었는데 누구나 다 같이 풀뿌리와 나무껍질로 만든 대식품을 먹으라는 것이다. 하지만 밀산이란 이 곡창에서는 그럴 필요가 없어서 검사할 때 눈가림으로 대식품을 만들어둔다. 시집으로 잠깐 와서 님은 배부르게 먹어봤을 뿐이다.

동경성의 학교로 돌아가 님은 또다시 배고픈 고생을 한다.

재해 두 번째 해인 1961년은 내가 대학을 졸업하는 해다. 그 해 5월에 아들을 낳았다는 소식이 왔다. 아이에 대한 기대가 없던 나는 아내의 건강이 도리어 근심스러워 아들이라는 것도 별반 기쁜 줄 몰랐다. 호박국을 먹고 낳은 아이 체질이 좋으면 얼마나 좋을까? 파악이 없다.

아내로부터 우편물이 왔다. 헤쳐 보니 나의 속옷을 사서 보냈고 배급으로 받은 월병 두 개를 그 속에 넣었으며 종이봉지를 열어보니 아기의 손톱과 발톱을 깎아서 넣은 것이었다. 아들을 낳았다는 게 확실하구나. 아내는 참말

자상하다. 나는 꿈을 꾸는 듯 했다.

"성주 이씨 가문에 대를 잇게 됐어요." 하고 아내는 썼지만 나는 대를 잇고말고 아무런 흥취도 없었다. 그저 그놈이 나를 어떻게 닮았을까 하는 생각뿐이다.

장난이 심한 동창생들은 나를 '애아비'라고 부른다. 누구의 아들놈은 남의 집 울타리 수수장을 뽑아들고 말타기를 할 게고 나의 아들놈은 흙탕물이 묻을 세라 가랑이를 말아 올릴 거라고 했다. 다 왕성한 상상력으로 꾸며낸 농담이다.

대학 졸업 석 달을 앞두고 생긴 아들애여서 나는 이것저것 생각할 겨를이 없었다.

아내는 아들애 사진을 또 보내왔다. 애를 안고 찍은 사진도 보내왔다. 아내는 혼자서 얼마나 고생하고 있을까?

얼마 지나지 않아서 어르신은 큰처남이 모셔갔고 처남들도 다 떠나가고 아내가 혼자 세 집살이를 하며 아이를 기르고 있다.

나는 졸업을 석 달 눈앞에 두고 있다.

어디로 갈 것인가

대학을 졸업하면 어디로 갈 것인가? 졸업을 앞두고 지망서를 쓴다면서 모두들 긴장해졌다.

나는 첫 지망을 흑룡강성으로 썼다. 거기에는 신문사가 있고 잡지사도 있다. 부모님이 계시고 처갓집과 아내와 자식도 있다. 나 한 몸이 그리로 가면 모든 것이 쉽게 풀린다.

연변에 와서 공부를 하면서 이 지방에 대한 인상이 나빴다. 사람들이 좀스럽고 질투심이 많으며 솔직하지 못하다고 여겼다. 내가 흑룡강성에 있을 때 그곳 사람들이 연변사람을 지독하게 욕하는 말을 많이 들었다.

연변에 대한 호감을 갖지 못한 나는 연변을 떠나려고 했다. 절친한 동창생 방학철이 나의 지망서를 들여다보더니 말했다.

"당신, 왜 이렇게 쓰오? 문련文聯(문학연합회)을 제1지망에 쓰오. 백프로 될거요."

언제나 남에게 좋은 말을 해주고 좋은 일을 해주는 성실한 친구다. 그는 언젠가 나를 보고 "당신 반우파투쟁

때 남들이 말 못하는 걸 대담히 말한 건 대단하오. 당신 그 때 '영웅' 이라니." 했다.

친구가 권유해주는 데는 이유가 있었다. 나는 대학에 오기 전부터 작품을 발표했고 대학에서 4년 동안 공부를 하면서도 계속 시와 평론을 발표했다. 비록 글이 많지는 않았지만 남들에게 인상을 남겼다. 게다가 대학에서 '시낭송서클' 을 조직했는데 전교적으로 회원이 60여 명이 되었다. 조문학부만이 아니라 화학학부, 수학, 물리, 정치학부의 학생들도 참가했다. 공원에서, 백화점 앞에서, 가두에서 합창시낭송을 했다. 우리 반 박창묵씨가 조직한 '연극서클' 이 또한 활동적이다. 게다가 나는 연변대학 문공단의 제2바이올린수다. 김해수는 손풍금수, 방학철, 장의원이 첼로연주원, 김완룡이 나보다 바이올린을 더 잘 켜서 제1바이올린수였다. 역사학부, 화학학부에도 악기를 능숙히 다루는 연주원들이 있었다. 음악연주와 시낭송으로 하여 대학생활은 유쾌한 때가 있었다.

나는 지망서를 그대로 바쳤는데 두 번째로 지망서를 다시 쓰리고 교부에서 지시가 내려왔다. 친구가 또다시 강요하는 바람에 내 마음이 흔들렸다.

그래도 문학을 하려면 연변에 남아야 한다. 그러나 내가 지망을 쓴 대로 될 것인가? 자신이 없다. 밑져야 본전이겠지. 두 번째로 다시 쓸 때 지망서에다 나는 '문련' 을 제1지망으로 썼다.

어떤 친구는 문련에 가겠다고 공개적으로 떠들었으며 학교지도부를 뻔질나게 찾아갔다. 나는 아무런 소동작도

하지 않았다.

개인지망과 학교분배에 모순이 있으면 불려간다. 누가 담화를 하는지 몰랐다. 알고 보니 모스크바 유학을 마치고 돌아오신 정판룡 부박사선생이다. 나를 부르지 않는 걸 보아 내 지망대로 된 모양이다.

'심판'의 날이 왔다. 대학에 조교로 남는 사람과 신문사, 방송국 기자로 가는 친구들도 괜찮을 것이다. 문련지표는 다만 한 사람이다. 졸업배치를 선포하는 날, 방학철이 내게로 와서 "축하하오." 하고 제 일처럼 기뻐했다. 그는 단지부 조직위원, 나는 선전위원, 단지부 활동을 같이 한 친구다.

학교소개신을 갖고 주 당위원회 선전부로 찾아가니 나의 사업터는 문련이 아니라 연변 잡지사라고 했다. 세 폭의 붉은 기를 선전하는데 문제점이 많이 나타나 정돈, 공고라는 방침이 새로 주어져서 연변의 잡지 8종이 죄다 취소되고 정치, 문학 종합잡지인 『연변』이 새로 창간되었다. 이 잡지사의 김해진 총편이 나를 부른 것이다. 이리하여 나는 남들이 부러워하는 잡지사 문예편집사업을 하게 됐다.

나는 운이 좋게 주 당위 독신숙사에 주숙하고 주 당위 식당에서 식사를 했다. 그런데 조직부의 한 간부가 십여년 동안이나 농촌의 아내를 데려오지 못하고 고생하는 걸 보고 놀랐다. 나는 언제 아내를 데려오며 언제나 부모님을 모셔오겠는가? 전혀 파악이 없다.

돌이켜 생각해보면 나도 어지간히 독한 사람이다. 그

녀를 사범학생시절에 만나 끈질기게 5년이나 따랐고 약혼을 해서 6년이나 기다렸으며 그녀를 안지 십 년 만에 결혼했지만 여전히 독신생활을 한다. 그리운 정은 이루 다 말할 수 없다. 나의 시에 고향을 그리워하고 님을 그리는 시가 많은 것은 이런 이유일 것이다.

나의 미약한 힘으로는 어떻게 아내를 데려올지 막연하기만 하다.

아내의 전근

이제는 결혼을 했고 대학을 졸업했으니 아내를 몸 곁으로 데려와야지. 친부모를 모시고 동생들을 보살피느라 아내가 큰 고생을 했으니 이젠 한 시름 놓게 해야지. 내 딴에는 이런 뜨거운 마음을 안고 있었다.

큰처남이 부모님을 모셔갔고 동생들을 데려다가 공부를 시키게 되니 아내는 셋집에서 아이를 기르고 있었다.

아내를 데려오자니 하늘의 별따기다. 타성이어서 성과 성의 수속을 거쳐야 한다고 했다. 교육계통에는 자리가 없으니 엄두도 내지 말란다. 아내의 전근문제만 내놓으면 항상 기다리라는 대답이 들린다. 그 기다림이란 언제까지 갈 지 막연하다.

그동안 나는 홀몸으로 기관식당에서 밥을 먹기는 했지만 한 해 동안 여덟 번이나 셋집을 옮겼다. 주 당위 독신숙사에서 직속기관 직원이 아닌 사람들을 내보냈기 때문이었다. 마치 유럽의 집시처럼 떠돌았다. 책짐을 밀차에 싣고 부끄러워서 밤에 이사를 하곤 했다. 아내가 전근해오면 이런 고생은 없을 줄로 알았다.

초라한 내 모습을 보다 못해 김해진 총편이 날 보고 말했다.

"이렇게 하지. 우선 우리 편집부에 조동시키고 편집 일을 시켜보다가 안 되면 다른 부문으로 옮기기로 하지. 지금 연길에서 사람을 받겠다는 기관이 없거든."

이런 고마운 일이라고야. 아내의 언어수양이나 지식구조는 누구보다 내가 잘 안다. 아내가 은인을 만나지 못해서 시골을 돌았지 편집기관에 발을 붙이기만 하면 빛을 내리라고 나는 확신했다.

나는 아내에게 편지를 써서 아이를 업고 어서 연길로 나오라고 했다. 김총편도 동의했다. 우리 둘이 직접 주당위 간부과 과장을 찾아가서 얘기하란다.

아내는 편지를 받는 길로 아이를 업고 기차에 올라 먼 길을 달려왔다.

한 번도 만나보지 못한 전응권 과장(그 후 문화국 국장) 댁을 찾아갔다. 지금 같으면 뭔가를 사가지고 갔을 텐데 당시는 빈손으로 가도 미안한 줄 모르는 시절이었다. 나는 아내가 어려운 정황을 말하면서 눈물이라도 찔끔찔끔 흘릴 줄 알았는데 고생을 많이 겪은 아내는 눈물 한 꼬치 흘리지 않고 할 말을 다 한다. 전 과장이 설득되었다. 알고 보니 그 분은 우리 대수선생과 해방 전에 중학교 동창생이란다.

"힘써주지. 가서 기다리오."

시원한 한 마디 대답뿐. 긴 말을 할 줄 모르는 분이다.

집을 나서는 우리의 발걸음은 날개라도 돋친 듯 건듯

건듯 들이었다.

일주일만에 아내의 전근령이 내렸다.

아내가 왔으나 집이 없다. 집고생이 마지막 고생이란다. 돈이 있어야 집을 사지. 무산자가 무슨 돈이 있을까? 어쨌든 나는 복 받은 행운아다.

집

아내는 편집부에 와서 교정을 보게 될지, 편집을 맡게 될지, 혹은 편집부 사무실에 그냥 있게 될 지 알 수 없는 노릇이다. 어쨌든 아내의 능력에 달려있다. 지도자의 은혜는 태산 같다.

아내와는 내가 동창생이지만 그의 문자수준은 어떤지 전혀 모르고 있다. 집이 없어서 이집 저집 셋집을 바꾸어 가며 고달픈 생활을 했지만 미례는 편집사업에 열성껏 일했다. 정치생활조에 편입되어 번역도 하고 취재도 했다. 문자에 밝고 문장을 깨끗이 다룰 줄 알아서 평가가 좋았다. 재빨리 편집사업에 익숙해지고 자기의 자리를 굳히게 됐다.

그런데 우리는 집이 없이 헤매는 집시와 같았다. 한창 일이 바쁠 때 아내가 또 임신했다.

어떻게 할까? 둘의 월급을 다 합쳐도 백 원이 안 된다. 돈이 없으니 도무지 집을 살 엄두를 낼 수 없었다.

데리고 온 아들애는 셋집 웃방살이에 얼음장같은 구들에서 산증(방광염)을 얻어 오줌이 나가는 걸 모르고 있다. 임신한 아내가 몸이 불편하다. 친구들이 보다 못해 돈을 꿔서라도 집을 사야 한다면서 크지 않은 연길을 샅샅이 훑어보았다. 끝내 백 원짜리 집을 알아냈다. 그때 적은 식구가 살 만한 집은 적어도 천 원인데 백 원짜리 집이라면 짐작할 수 있지 않는가?

초가집에 덧붙여 지은 집인데 집안에서 팔을 벌리면 두 벽에 손이 닿는다. 키가 크지 않은 내가 가로나 세로 누울 수 없어서 대각선으로 누워야 한다. 젊은 남녀가 살다가 이혼하고 버린 집이다. 한 겨울 임자가 나타나지 않아서 아이들이 문을 부숴 버리고 눈이 집안에 쌓여있다.

나 같은 무산자에게 이런 집이 생긴 것만 해도 다행이다.

겨울에 우리는 이 집을 사서 들었다. 셋이 나란히 누울 수 없어서 아들애는 머리 위에 눕히고 잤다.

만삭이 된 아내의 출산을 보살피려고 치치하르薺薺哈爾에서 장모님이 오셨다. 불편한 몸으로 차를 타고 먼 길을 와서 콧구멍 만한 집에 찾아오셨다.

이번에는 딸애였다. 장모님이 우리 생활을 돌봐주셨다. 나의 부모님은 오실 형편이 못 된다. 낡은 집이어서 지붕에는 고약한 냄새를 풍기는 노레기라는 곤충이 욱실거렸다. 하룻밤을 자고 나면 물독에 노레기가 노랗게 달라붙는다. 출근하고 저녁에 돌아보면 구들에 노레기가 노랗게 한 벌 깔려있다. 조금만 다쳐도 기막힌 냄새가 코를 찌른다.

장모님이 치치하르로 돌아가신 뒤 생활에 대해서는 아

무 것도 모르는 내가 웃음거리를 많이 빚어냈다. 석탄불을 땔 줄 몰라 불쏘시개로 불을 달아 불을 지피자면 부엌 아궁이 앞에 앉아서 한 시간은 좋이 애를 써보았자 가마가 끓을지 말지 했다.

한 번은 닭을 사다가 모가지를 툭 잘라 물이 설설 끓는 가마에 집어넣었다. 헌데 그 놈이 후닥닥 뛰쳐나와 퍼들쩍거리며 구들이 좁다 하고 돌아다녔다. 힘이 다 빠져 늘어질 때까지 나는 손을 대지 못하고 구경하기만 했다. 또 한 번은 밀국수를 삶아서 다 먹으면서도 왜 맛이 없는지를 몰랐다. 아내가 집으로 돌아와 알려주어서야 나는 소금을 넣지 않았음을 깨달았다. 이런 초라한 백 원짜리 집에도 연변의 유명한 시인들이 드나들며 우스갯소리를 주고받았다.

아내는 갓 낳은 딸애를 업고 도보로 30분 걸리는 편집부로 출근하곤 했다. 때로는 딸애를 책상 위에 눕혀놓고 편집 일을 보았다. 그러자니 오죽 고달팠으랴.

아이들이 자꾸만 커 가는데 백 원짜리 집이 작아서 살아갈 수 없다. 뒷날 텔레비전과 사진으로 알을 품을 줄 모르는 뻐꾸기가 작은 오목눈이 새 둥지에 알을 낳아서 오목눈이 새가 그걸 품어 까주면 새끼 뻐꾸기가 둥지가 터질 지경으로 자꾸만 자라나는 모양을 보고, 나는 그 백 원짜리 집을 떠올리곤 했다.

게다가 나는 또 부모님을 모셔 와야 한다.

밀산현 흑태구 파출소 소장이 내 동창생이므로 자료는 쉽사리 만들었다. 그때 어머님은 49세, 노동력상실이라니 남들이 믿지 않는다. 아버지는 58세, 회갑이 되지 않았는데, 농촌에서 도시로 이주를 못시킨다고 한다. 연길 신흥 파출소에 수속을 밟으러 갔다가 태도가 친절하지 못한 경찰과 크게 다투고 나서 돌아오는 길에 뒤꽁무니에 찔러 넣었던 서류를 죄다 잃어버렸다. 어렵사리 또다시 문서를 작성해 가지고 이리 뛰고 저리 뛰어 끝끝내 이 외아들이 부모를 모시게 됐다.

그러니 집을 바꾸지 않으면 안 된다. 식구가 갑자기 일곱으로 늘어나니 말이다. 돈을 꿔가면서 삼백 원짜리 집을 하나 샀다. 면적은 12평방미터. 이 집이 언덕 밑에 있다고 해서 "웅덩개(언덕의 사투리)집"이라고 부른다. 나에게는 해방 후에 태어난 여동생이 있어서 그 애까지 식구가 일곱이다. 이 집에서 '문화대혁명'이라는 대동란을 맞았는데 팽팽하게 대립한 두 파가 서로 돌싸움을 벌이는 바로 중간에 우리 집이 있어서 밤낮 불안했다. 이 집에서 아내가 또 임신했다. 부산스럽고 어지러운 세월에 아내의 뱃속에서는 새로운 생명이 자라나고 있었다.

그 애까지 태어나면 여덟 식구가 어떻게 살아가랴? 지금 생각해도 꿈만 같다. 12평방미터 집에 책을 한편에 쌓아놓고 삼대가 비좁은 집에서 어떻게 살았을까? 아내와 어머님은 좁은 부뚜막에 누워서 잠을 자곤 했다. 때로는 마루바닥에서 자기도 했다.

우리 부부가 세 번째로 산 집은 육백 원짜리였다. 면적은 밖으로 재면 가로 3미터 세로 7미터, 내부실용면적은 18평방미터를 좀 웃돌았다. 그 때 진 빚은 14년이 지나 나의 첫 시집『샘물이 흐른다』가 나와 원고료를 받아서야 다 갚았다. 여덟 식구에 책상과 책장, 식장을 놓고 보니 집이 비좁기는 마찬가지다. 이렇게 우리는 전족한 한족여인들이 되뚱되뚱 걷는 종발걸음으로 한 걸음 한 걸음 '행복의 길'을 걸었다.

어디 나뿐이랴. 우리 모든 지식인들이 다 이렇게 어려운 삶을 누렸다.

나는 아내가 측은하게 생각되었다.

"약한 당나귀에 너무 많은 짐을 실었군."

"괜찮아요. 우리 생활이 얼마나 좋아요. 당신은 좋은 글 많이 쓰시고 어서 빨리 입당하세요."

언제나 현실에 만족해하고 자기를 늘 반성하기 좋아하는 아내는 주동적이 아니라 수동적인 인간형이다. 그는 이렇게 말하지만 그의 마음고생은 누구도 모를 것이다.

공작대원이 되다

1965년 가을 나는 영광스럽게 농촌사회주의공작대 대원으로 되었다. 누구나 부러워하는 대원이다. 이런 계급투쟁의 관두에 가야 입당을 할 수 있기 때문이다. 자기 글을 쓰기 좋아하는 나 같은 사람은 좀처럼 입당을 할 기회를 가질 수 없다. 지도자가 나를 보고 간절히 부탁한다.

"이번에 가서 기어이 입당을 쟁취해 가지고 오우."

나는 이런 좋은 기회를 놓치지 않겠노라 다짐했지만 자신은 없다. 개조되지 않은 지식인이자 문학창작을 하는 명예주의에 푹 젖은 사람이니 무산계급선진조직의 표준과는 너무도 거리가 멀었다. 알고 보니 남들은 다 같은 입당하려 노력하는 적극분자라지만 '접근'이 아니면 '홍전紅專'이라는 좋은 평가를 받고 있는데, 나는 고작 '일반' 적극분자로서 일 년 사이에는 입당할 수 없는 사람으로 점 찍혀있었다. 아무리 날고뛴대도 어려울 것이다. 그런데도 아내는 큰 희망을 갖고 있다. 자기 때문에 내가 당에 들지 못한다고 생각되어 늘 죄책감을 갖고 있으니깐 내가 조직문제만 해결하면 커다란 사상보따리를 내려 놓게 될 것이다.

아내가 장에 가서 암탉 한 마리를 사다가 황계를 넣어 고았다. 내 신체가 너무 허약하기 때문에 간고한 농업전선에 가서 몸이 버틸 지 근심스러워했다.

어느 날 밤 아내가 이불 밑에서 훌쩍이며 운다. 웬일인가? 물어봐도 대답이 없다. 이튿날 어머님께 물어서야 알았다.

"장모님이 세상을 뜨셨다누나."

참말 믿을 수 없다. 장모님은 아직 오십 대인데 어찌 갑자기 세상을 뜨셨는가? 장모님은 젊은 시절에 난알을 널다가 바늘이 오른손 바닥으로 뚫고 들어가는 상처를 입었다. 그 바늘이 온 몸을 돌다가 여러 해 지나 왼손 바닥으로 나왔다는 것이다. 그 후유증으로 두 손과 팔이 걸핏하면 경련을 일으키고 허리가 굽어들었다. 그런 몸으로 살아가기란 괴로운 것이다. 괴로운 삶을 하시다가 문득 뇌출혈로 돌아가신 것이다.

"난 공작대에서 몸을 뺄 수 없으니깐 당신 혼자서라도 가야지 않겠소?"

나의 말에 아내는 머리를 저었다.

"제가 어찌 혼자 갈 수 있어요? 당신이 입당을 하는데도 영향을 끼칠 수 있어요. 동생들도 그렇게 생각하고는 누님과 자형이 떠나지 말라 했어요. 인차 장례를 치른대요."

조직에 충성을 하자면 자식은 불효해야 하는가? '계급

계선' 이 이처럼 사람을 못 살게 구는가? 어린 자식들마저 외가집 성분을 적어 넣어야 하고 그럴 때마다 애들이 기분이 나빠했다. 그런 고충을 아내는 혼자서 안고 속으로 눈물을 흘리는 것이다.

아내는 나에게로 시집을 와서 일거일동이 나를 위해 생각하고 움직였다. 그는 자신의 희망인 이과를 버리고 나의 문학의 길에 동참했다. 자신의 네 가지 약점을 솔직히 내놓고 나의 의견을 들었으며 나를 사랑하기로 작심한 뒤로는 진짜 사랑을 한 것이다. 몸과 마음을 죄다 바친다. 책을 사들이고 나의 문학의 길에 향기를 뿜어주고 꽃을 깔아주는 일을 하였다. 그리고 나의 사상발전을 위해서는 가정출신의 계급계선을 가르느라고 무등 애를 썼고 심지어는 자신을 희생시킨다.

아내가 본가에도 가지 않고 어머님의 제사에도 가지 않으면서 나의 입당을 바랐지만 나는 사회주의교육운동에서 입당하지 못하고 말았다. 개조되지 않은 지식인의 세계관 개조가 그렇게 쉽겠는가? 문학인은 자산계급에 속한다는데 언제 입장을 할 지 모른다.

나는 모택동 주석의 "세계관으로 놓고 보면 지식인은 자산계급에 속한다"는 어록에 감히 이의를 제기했었다.

돌이켜보면 주어들은 정치개념으로 그 불쌍한 농촌간부들을 못살게 굴고 떠난 공작대대원이었던 자신이 부끄럽기만 하다.

사회주의교육운동은 그래도 약과였다. 1966년에는 전례 없는 문화대혁명이란 대동란이 일어난 것이다. 연변에서는 '귀신협회' 라는 별명이 달린 민간문학협회에 불이 달리면서 동란의 전주곡이 시작되었는데, 나는 몇 달 동안 민간문학수집에 참여했으므로 누군가 나에게 '주의' 하라고 경고한 적이 있다.

Ⅳ. 반세기가 지나서야 알게 된 이야기

대동란 시기에 있은 일
우리 집 비밀
괴짜 아들
대성통곡
서로 다르다
수줍어하다
남모르는 고통
진실한 아내
결혼증
공직에서 물러난 아내
시아버지와 며느리
춘향을 봤다
모호한 짝사랑
꿈
부탁
바나나
병원 의사의 말
반세기가 지나서야 알게 된 이야기

대동란에 있은 일

대동란이란 문화대혁명을 말한다. 이름이 문화대혁명이지 실질은 "복벽"을 짓부신다는 대정치운동인 것이다. 혁명 이름에 문화가 붙은 바람에 무릇 문화인은 진짜 고급 인텔리부터 소학교 교원 최하층의 문서에 이르기까지 죄다 타격대상이 됐다.

"지식이 많을수록 반동적이다."

이런 말이 성행하던 시절이었다.

나는 "귀신협회"의 민간문학수집활동에 끼인 적이 있어서 잡귀신으로 지명되어 문화대혁명 후기의 비판대상으로 공작대가 점을 찍어놓았다.

봉건주의, 자본주의, 수정주의를 타도하고 "네 가지 낡은 것을 타파하고 네 가지 새로운 것을 수립한다(四坡四立)"는 구호 밑에 모든 것을 짓부시고 망가뜨리는 바람이 일어났다. 집집을 수색하는 규찰대가 조직되었다. 진시황이 숱한 책을 불살랐듯이 얼마나 많은 책이 불에 타버리고 얼마나 많은 학자들이 매몰되었는지 모른다.

나는 농촌사회주의교육운동공작대에서 돌아오기 전부

터 좀 당황했다. 아무리 둘러쳐야 나 같은 코흘리개에게서 뭐가 나올까?

잡지를 낼 필요가 없어진 편집부는 문을 닫아버리고 우리는 밤낮 자산계급을 찾아내는 회의에만 열을 올렸다. 내가 탐독했던 세계명작은 죄다 독초라는 것이다. 아내가 아껴 먹고 아껴 쓰면서 정성스레 사온 책들이 모두 소용없게 되었다. 아쉬운 대로 처리하기로 했다. 태우기는 아까우니까 싼값에 팔기로 했다.

판다는 소문이 퍼지니 어느새 아이들이 문 앞에 모여왔다. 공짜나 다름없이 처리했다. 덕분에 비좁은 방이 조금 넓어졌다. 지금 와서 생각해보니 그때 책을 가져간 아이들이 나보다 더욱 훌륭하다. 좀 더 용감했다고 할까?

이제 규찰대가 우리 집에 들이닥치면 일기책과 연애편지가 말썽을 만들지 않을까 근심되었다. 아내의 동의를 받고 편지들을 태워버리자니 아깝다. 밤을 새워가면서 님의 편지에서 감동적인 대목들을 수첩에 베껴두었다. 그 덕으로 나는 이 책에서 연애편지를 인용할 수 있게 된 것이다. 이런 행동이 없었다면 내 사랑의 발자취는 아예 매몰되고 말았을 것이다.

일기수첩과 수백 통의 연애편지들을 죄다 부엌아궁이에 집어넣었다. 그때는 불쏘시개가 없어서 고생할 땐데 어머님이 기분 좋았을지 모른다. 편지들을 불사른 뒤에도 규찰대가 우리 집은 고사하고 우리 동네에도 나타난 적이 없다. 결국 나는 노루가 제 방귀에 놀란 격이 되었다.

얼마 지나지 않아 "반동노선"을 뒤엎는 반란이 일어났다. 비판을 받는 사람들에게는 통쾌한 일이었다. 잇따라 패거리 싸움이 일어났다. 문화대혁명의 명물이 "무장투쟁(改)"이 시작된 것이다. 실제로 기관총 따위 무기들이 동원된 전투들도 있었지만 평소에는 흔히 주먹으로 싸웠고 기껏해 몽둥이를 휘둘렀다. 그리고 연길에서는 누가 발명했는지 모르겠지만 돌싸움이 벌어지곤 했다. 이러저러한 명의로 묶어진 두 패가 멀찌감치 떨어져서 돌을 던지는 것이다. 남자들은 앞장에 나서서 돌팔매를 날리고 여자와 아이들은 뒤에서 돌을 모아다가 섬겨주는 식이다. 나는 그 싸움에 나섰다가 한 번 돌멩이에 맞아 상처를 입은 적이 있다.

우리 집이 바로 그 전쟁의 분계선에 있었다. 내가 만삭이 된 아내와 같이 패거리 싸움의 준비를 하고 있는데 갑자기 부모님이 찾아왔다. 아버지가 맏손자 손목을 잡고 어머니가 손녀를 업고 왔다.

"웬 일이십니까?"

"우린 농촌으로 피난을 떠나는 길이다."

아버지가 말씀했다.

"인종이 많아지면 사람이 사람을 잡아먹는다더니 돌싸움에 우린 견딜 수 없다. 앞뒤 문이 죄다 부서졌고 고래고래 소리치는 통에 잘 수 없다. 불안하기 그지없다. 앉아서 죽기보다 시원한 농촌에 가는 게 나을 게 아니냐? 손자손녀라도 살아남을 게 아니냐? 그래 너하고 작별인사하려고 왔다."

친구들이 우리 아버지 말씀을 듣고 키득거렸다. 남은 속 타는 줄 모르고 친구들이 장난 같이 생각한다.

"아버지, 집으로 돌아가십시오. 중앙에서는 '붓으로 싸우라, 무기로 싸우지 말라' 고 명령을 내렸으니 패거리 싸움이 인차 끝날 겁니다."

내가 부모님을 설복시키고 친구들도 너 한 마디 나 한 마디 했다.

부모님이 설득되어 집으로 돌아가셨다. 이런 싸움이 계급대오청리가 끝날 때까지 전국적으로 4년이나 계속되었다. 연변에서는 그래도 일찍 끝난 셈이었다. 네가 죽고 내가 사는가 하는 몸서리치는 투쟁은 저그만치 십년이란 세월을 끌었다. 살벌한 정치운동을 일으킨 장본인들도 세상을 뜨고 나서야 결속된 동란이다. 인위적으로 조작된 투쟁은 온 나라를 상처투성이로 만들었을 뿐 아무 것도 남긴 게 없다.

이 기간에 피해를 받지 않은 사람이 어디 있으랴? 동시에 이 세월에 어느 누가 지은 죄가 없으며 잘못이 없으랴. 사람이란 외곬으로 생각이 들어서면 아무런 진리도 보이지 않는 이상한 고급동물이다.

설상가상으로 아내가 해산하려고 입원했다. 양식배급은 보잘 것 없는데 아내가 애들을 셋이나 낳게 됐다. 몸이 약해서 자기는 아이를 밸 것 같지 못하다더니 성주 리씨 가문에 큰 공헌을 하려는 모양이다.

대동란 중기에 아내는 마호노동기지에 가서 반년이나 고된 일을 했고 아내가 돌아오자 내가 그 뒤를 이어 거기에 가서 반년 노동단련을 했다. 일년 늙으신 부모님이 세 아이를 맡아보셨다. 그런데 아내는 마호산골에 가서 일하다가 하마터면 실명을 할 뻔했다. 저녁밥을 지어놓고 소여물을 써는 일을 도와주려고 우사에 가서 기계 앞에다가 여물을 끌어내다가 갈퀴가 돌아가는 기계에 닿은 것이다. 그 갈퀴가 탁 튕겨나면서 아내의 눈으로 날아왔다. 피가 철철 흘렀다. 눈알이 다친 게 아니라 눈두덩을 친 것이 천만다행이었다. 농촌병원에 가서 구급치료를 해서 낫기는 했으나 지금도 왼눈 위에는 자그마한 상처가 남아있다. 그 상처를 볼 때마다 자칫했더라면…하는 생각에 등골이 서늘해진다.

우리 집 비밀

누가 만들어낸건지 알 수 없다. 동란시키 주석 초상 앞에서 "아침 청시早請是", "저녁회보晚會報를 하고 또 노래하며 충성무를 추던 일, 기관마다 집집마다 이렇게 했다.

우리 집에서는 내가 인솔자가 되어 매일 아침 식사 전에 열성껏 하기로 했다.

그런데 아버지와 어머니가 자리에서 일어나지 않는다. 우선 마음이 부드러운 어머니부터 설복시켰더니

"난 노래도 춤도 모른다. 뒤에 서서 구경이나 하지."

하며 어머니가 일어섰다.

아버지도 어머니처럼 일어서시라고 말씀드렸다.

아버지는 수저를 제껵 든다.

"거 왜놈시절에 천황에게 절하는 것과 뭐가 달라? 난 안한다. 배가 고프니 먹어야겠다."

애들이 키득거리며 웃는다. 이건 엄숙한 정치문제가 아닌가. 어머니가 날 보고

"우리끼리 하자꾸나. 아버지가 좀 오망이다 하고 생각하면 안되니?"

아버지가 어머니를 쏘아본다.

"오망? 오망은 누가 하는지 몰라?"

아버지 입에서는 점점 한심한 말이 나왔다. 이 소식이 밖으로 새여나가면 우리 집이 큰일 아닌가? 우리 집은 애들까지도 입이 무거우니 우리 집 비밀이 새어나갈 수 없다. 그저 입빠른 나만 말을 조심하면 된다.

우리끼리 어록을 읽고 발을 구르며 손을 들었다 놨다 하며 노래하고 춤을 추고나니 아버지가 아침식사를 끝냈다.

아버지 때문에 이 노릇을 할수 없이 걷어치우고 말았다.

서른다섯해가 지나간 지금 생각해보니 그때 우리집에서 진리를 견지한 이가 아버지 뿐이다.

이제 와서 우리 집 비밀을 내가 말해본다.

괴짜 아들

온 시내에 돌싸움이 벌어질 때 임신하고 총놀음이 날 때 만삭이던 아내가 패거리 싸움이 즘즘해지고 병원 문이 다시 열렸을 때 입원했다. 우리는 이미 일남일녀, 두 자식을 둔 형편이니 임신을 발견하자 서로 의논하고 세 번째 아이를 유산(流產=임신중절)하려고 했다.

어머님이 어느새 눈치를 채고 펄쩍 뛰었다.

"미리 방도를 내면 몰라도 이미 생긴 생명을 없앤다는 건 살인이 아니고 뭔가?"

한사코 유산을 반대한다. 부모님의 의견을 존중하고 유산을 하지 않기로 했다. 임신한 아내가 갑자기 걷지를 못한다. 임신중독이 온 것이다. 방안을 기어다닌다. 서서 걸을 수 없다. 아들인지 딸인지 모르는 아이는 뱃속에 있을 때부터 애를 먹인다.

예산 출산날짜는 1968년 1월 초, 시간을 넉넉히 잡아서 1967년 12월 23일 오후에 아내는 연변병원 산부인과에 입원했다. 나는 입원수속을 마친 다음 집으로 돌아왔다.

이튿날은 일요일이라 집식구들이 모처럼 늦잠을 자는데 날이 희붐히 밝자 누군가 문을 쾅쾅 두드렸다. 문을 열어보니 낯선 한족노인이 급한 소리를 질러댔다.

"쇼하이(小孩, 어린이), 쇼하이!"

알고 보니 새벽 다섯 시 반경에 아내가 몸을 풀어 아들을 낳은 것이다. 집에 알릴 방법이 없어서 이제 7시경에 내가 병원에 갈 때에나 음식을 얻어먹게 될 판인데, 같은 병실에 있던 한족여인의 남편이 소식을 알려주겠다고 나섰다. 아내가 병원에서 우리 집으로 가는 노선 그림을 그려주어 그 노인이 새벽바람을 무릅쓰고 달려온 것이었다. 집안이 발칵 뒤집혔다. 어머니는 부랴부랴 죽을 쑤었고 아버지는 내 걸음이 늦다면서 죽그릇을 품속에 넣고 달려갔다.

아내는 시부모를 돌보면서 배곯기를 밥먹듯 했는데 태어난 아이는 일곱 근 반(3750그램)이나 되었다. 머리가 너무 커서 업으면 아래로 처지곤 했다. 누구보다 어머니가 고생했다. 머리가 자꾸만 처지는 아이를 업고 가마 목에서 일을 하거나 시장으로 드나들며 자꾸만 아이를 들쳐업는다.

"애가 왜 자기 머리를 들지 못하나?" 하고 말씀하곤 했다.

그 애가 열 달이 됐을 때 우리는 농촌으로 나가 추수노동에 참가했다. 농촌에 가서 계급투쟁뚜껑을 연다고 했다. 서로 밀고하는 검거편지를 썼다.

우리가 논밭에 나가 가을걷이를 할 때 식당집 아줌마

는 애가 밥을 잘 먹는다고 먹는 대로 이빨도 나지 않은 애 입에 자꾸만 밥을 펴 넣었다. 애가 갑자기 숨을 쉬지 못했다. 위장이 경련을 일으킨 것이다. 병원은 거기서 7리(3500미터)나 떨어졌다. 애를 업고 거기로 달려가야 하는데, 나는 힘이 약해서 노동자선전대의 전씨가 애를 업고 내달렸다. 우리 부부는 곁에서 속을 조이며 따라가고, 뛰어가는 사이 숨이 열린 모양으로 아이가 크게 울음을 터뜨렸다. 병원에 가서 구급치료를 한 다음 아내가 버스를 타고 연길로 돌아왔다. 급성위장염이었는데 연변병원의 치료를 받고서도 그 후 다섯 번이나 위장염이 발작했다. 그럴 때마다 온 집안이 불안했다.

게다가 아이는 다섯 살이 다 되도록 말을 하지 않아 식구들을 속 태웠다. 말은 다 알아듣고 울음소리도 동네가 떠들썩하도록 큰데 말은 한 마디도 하지 않았다. 당시 해방군들이 침구로 벙어리를 고친다는 보도가 자자했다. 아내는 안달이 나서 부모님이 반대하는데도 군인병원에 가서 침구치료를 했다. 혓바닥을 검사하니 아무 문제도 없는데 말을 못한다. 혀 밑에 침을 놓고 뒷머리에 침을 놓고 손가락 끝에도 침을 놓는다.

"이렇게 침을 맞아야 말을 한다"고 의사가 이야기하니, 아이가 으앙으앙 울어대는데도 그냥 침을 맞혔다. 그럴 때마다 아내는 눈물을 삼켰단다.

다섯 살이 되면서부터 아이는 말을 하기 시작했다. 말을 배우는 동시에 글자를 배웠다. 노래책이든 신문지든 누가 글을 읽는 것을 보기만 하면 책과 신문을 집어 들고 그대로 읽은 것이다. 그렇게 통글을 깨쳤는데 내가 정식으로 글을 가르치느라고 "가나다라"와 구구대문을 종이에 적어 주었더니 귀찮다고 팽개치고는 여전히 제멋대로 글을 배워갔다. 책도 두툼한 것들을 좋아해 유치원을 다닐 때 집에서 제일 두꺼운 『삼국연의』, 『수호지』, 『레닌 회상기』, 『찬란한 길』, 『맑은 하늘』 같은 책들을 읽고는 유치원에 가서 옛말을 하곤 했다.

지금은 전국적으로 유아교육이 보급되어 네댓 살 되는 애들이 책을 보는 일이 희한할 것 없지만, 30여 년 전에는 소학교 2학년 정도 되어야 책을 보는 수준에 이르렀다. 게다가 아들애는 독학으로 글을 익혔기에 희한한 이야기 감으로 되어 "천재"니 "신동"이니 하는 소리를 듣게 되었다.

소학교와 중학교를 두루 다니기는 했으나 자기의 정황과 맞지 않아서 좀 혼란한 정황이 나타났고 대학교 입학시험은 일부러 잘 치지 않는 것으로 포기했다.

"대학에 가면 시간을 낭비하는데 왜 그렇게 공부를 하겠습니까? 난 자습을 하겠습니다."

두루뭉술하게 중학교를 졸업한 뒤 그 애는 중국을 돌아보겠다고 했다. 어쨌든 괴짜는 괴짜다. 아내가 얼마나 속을 태웠는지 모른다. 병 때문에 대학 꿈을 접어야 했던 아내는 똑똑한 아들이 대학으로 가기를 그처럼 간절히 바랐는데, 큰 희망을 걸었던 애가 우리를 절망 속으로 몰아넣는다. 이 애를 두고 칭찬을 많이 했던 친구들은 또 애의 앞날을 두고 걱정하기도 했다.

아내는 누가 이 애를 “신동”이니 “천재”니 하는 말을 하면 몹시 싫어했다.

“이런 소리는 애를 망칠 뿐이에요.”

지금도 아내는 탄식조로 말할 때가 있다.

“저 애가 대학을 나왔으면 얼마나 좋았겠어요.”

이 애는 나하고 반대다. 나는 대학을 가지 못해 발광했는데 이 애는 정반대다. 아내는 공부를 잘 하고도 대학을 가지 못해 평생 한이 맺혔는데 이런 괴짜 아들이 태어나다니?

중국대륙에 피비린 동란이 일어나고 있을 때 우리 집에는 이런 괴짜 아들이 태어난 것이다.

대성통곡

남들은 우리 집 애를 "신동"이니 뭐니 말했지만 우리는 이 애 때문에 속을 썩이고 얼마나 눈물을 흘렸는지 모른다.

"누구나 다 제 갈 길을 걷는데 걱정할 게 뭐요?" 하고 누구는 위안의 말을 해준다.

"모르지. 절간에 가서 중이나 되려 하는지."

내가 속이 타서 한 말이다. 어릴 적에는 돼지고기를 삶기만 하면 익기도 전에 가마 목에서 맴돌던 그 애가 어느 날 갑자기 고기란 짐승을 잡은 것이므로 먹지 않는다고 선언하더니 정말 한 입도 대지 않았다. 게다가 밤낮 보는 책이란 무슨 도교의 경전이 아니면 제자백가의 학설이고 또 기공인지 무술인지 배운다면서 연습도 하고 며칠 씩 굶기도 한다. 겨울이면 양말을 신지 않는다. 중학시절에는 찢어진 바지를 그대로 입어 살이 미죽미죽 나온 걸 보고 선생이 "네 아버지는 원고료를 다 어쩌구 바지 하나도 사주지 않더냐?" 했단다.

이 애가 중국 땅을 돌다가 소림사로 들어가 버릴지 알

게 뭔가?

애가 집에서 떠날 때부터 걷는다. 아내가 배웅하러 따라나섰다. 그 애의 짐 속 여기저기에 돈을 찔러 넣었다.

아내는 새로 만든 연서교다리까지 배웅하고 돌아왔다. 집으로 들어서더니 콱 엎어지며 "와-"하고 대성통곡을 했다.

"속 태울 게 있소? 아이 하나가 가버린 셈 치면 되지."

내가 화난 김에 한 말이다. 하기야 스무 살을 넘겼으니 어디 가서 밑지지는 않을 듯 했다. 몇 달 돌아다니다가 아들은 집으로 돌아왔다. 걷다가는 기차를 타고 버스도 이용하며 배를 타기도 했는데, 하루도 호텔이나 여인숙에 든 적이 없이 비나 가릴 처마 밑에서 잠을 자곤 했다는 것이다. 언젠가는 유명한 관광지역인 황산(黃山)에서 길을 잘못 들어서 백여 리나 에돌아 헛고생을 했다 한다. 중국의 삼분의 일쯤 돌고 돌아온 애는 새까맣게 타고 여위였다. 배낭도 신도 다 너덜너덜했다. 집에 있을 때에는 결벽증이 있은 듯 하던 애가 어떻게 어지러운 곳을 드나들었는지 모를 일이다.

집에 돌아와서는 또 옛날 모양으로 돌아가 밤낮 책을 손에 들고 다닌다. 화장실에 가면서도 책을 들고 들어간다. 현대 중국어는 그래도 학교에서 배웠는데 고대 중국어는 누구에게서 배운 적이 없으면서도 막힘이 없다. 결국 그 실력을 발휘해 2005년 여름에는 『삼국지』의 고대 판본들을 종합하여 새로 옮긴 『본 삼국지』를 한국에서 출판했다.

1993년부터는 산동성山東省과 해남도海南島에 가서 일을 하면서 고생깨나 했다. 그러니 집에서는 이 애의 교육에 별반 지출한 게 없고 그저 속만 태웠을 뿐이다. 누구보다도 아내의 마음고생이 컸다.

후에는 자유기고가로 변신해 제 길을 가고 있는데 직장생활에 익숙한 아내는 아직도 자기가 동혁이라고 이름 지은 이 애의 장래를 두고 마음고생을 하고 있다. 그러면 나는 위로를 한다.

"당신에겐 두 가지 공로가 있소. 나를 시인으로 만들어 준 게 첫째 공로이고 괴짜아들을 기른 게 둘째 공로요."

그러면 아내는 놀라서 두 눈이 휘둥그레진다.

"당치도 않는 소릴 말아요."

서로 다르다

사람들은 부부가 서로 닮는다고 한다. 그래서 그런지 남들은 우리를 "오누이" 같다고도 하고 "쌍둥이" 같다고도 한다. 신통히 만났다고 모두들 좋은 소리만 한다. 어느 땐가 정길운 작가님이 우릴 보고 "유류상종類類相從"이라더니 틀리지 않는 말이라고 했다.

아내가 시어머니와 장으로 갈 때면 "딸인가"고 묻는 사람들이 적지 않다. 며느리라고 하면 믿지 못하겠단다. 이런 얘기를 들으면 기분이 좋아진다.

정말 우리 둘은 비슷한가? 나는 때때로 아내와 내가 다른 점이 무엇일까 궁리해보곤 한다. 하나둘 따져보니 서로 다른 점이 많다.

첫째로 나는 콧마루가 높고 코가 큰데 아내의 코는 작다. 내 눈썹은 시커멓고 짙은데 아내 눈썹은 성글다.

둘째로 내 성질은 급하고 성을 잘 내며 고집스러운데 아내는 참을성이 있고 무엇이나 양보를 하고 반성하기 좋아한다. 아내는 나에게 두 가지 별명을 지어주었는데 "성상각", "리고집"이라 부른다. 가끔은 내 별명을 부르며 혼자서 키득거린다.

셋째로 피부가 서로 다르다. 내 피부는 좀 철색이고 검은 기미나 사마귀, 그리고 뾰두라지가 자주 생기며 입구창이 자주 나서 고생한다. 그러나 아내는 피부가 말쑥하고 희며 뾰두라지가 뭔지 모르게 깨끗하다. 입구창은 종래로 없다.

넷째로 잠을 잘 때 나는 꿈이 많고 잠이 눈썹에 겨우 붙어있다. 그러나 아내는 꿈이 뭔지 모르고 잠이 들면 누가 업어가도 모를 지경으로 잔다. 그런데 모기나 빈대는 나에게만 매달리고 아내에게는 한 놈도 가지 않는다. 깨어나 보면 내 팔다리에는 물린 자리에 꽃이 폈는데 아내 몸에는 물린 자리가 하나도 없다. 도무지 이해할 수 없다. 아마도 모기나 빈대는 죄다 암컷들이어서 나에게만 달려든다고 나는 말한다.

다섯째로 밥을 먹을 때 나는 매운 고추가 없으면 밥맛을 잃는데 아내는 매운 걸 전혀 먹지 못한다. 음식에 든 고추는 죄다 건져낸다. 아내는 풋강냉이, 호박, 감자 같은 것이 있으면 쌀밥을 밀어놓고 먹는다. 나는 이런 것들을 맛보기로만 먹어볼 뿐이다.

여섯째로 내 머리카락은 새까맣고 윤기가 나지만 아내의 머리카락은 가늘고 불색을 띈다. 그리고 내 뒷머리는 납작하지만 아내의 뒷머리는 톡 삐어져 나왔다. 그래서 공부를 잘한 모양이다.

일곱째로 나의 꿈은 문학이었고 아내의 꿈은 이과였다. 생활환경이 그가 이과라는 꿈을 포기하게 했을 뿐이다.

여덟째, 나는 흰옷을 입기 좋아하지만 아내는 수박색을 입기 좋아한다. 그리고 나는 춤을 좋아하지만 아내는 춤을 좋아하지 않는다. 나는 트럼프를 놀기 좋아하지만 아내는 승부를 가리는 놀음에 흥미가 없다.

아홉째, 여름에 나는 온 몸에 땀이 나지만 아내는 얼굴에만 땀이 나 남 보기 부끄럽다고 한다. 겨울에 아내는 추워하지 않지만 나는 몹시 추위를 탄다.

이런 몇 가지 다른 점은 태어날 때부터 있는 천성적인 것이어서 고치려 해도 고치기 어렵다. 우리 둘이 같은 점이 전혀 없는 건 아니지만 여기서는 그것을 말하지 않기로 한다.

"부부는 서로 닮아간다"는데 우리가 서로 닮아가는 지는 하느님이나 알 거다.

수줍어하다

열다섯 사람의 작은 기관에 한 쌍이 같이 출근하자니 자랑스럽기보다 마음이 부담스러웠다. 비록 편집실은 다르지만 자주 모임이 있고 토론이 있게 된다. 할 말도 제대로 못한다. 출근할 때면 일부러 서로 떨어져 간다. 퇴근할 때도 마찬가지다. 영화관에 가서는 나란히 앉아본 적이 없다. 어떤 부부들이 끔찍이 서로 붙어 다니는 걸 사람들이 뒷공론하는 소리를 들었기 때문이다. 지금 같으면 우리가 못난 짓을 한 것이다. 봉건사상의 잔재였던 것 같다.

아내는 자주 한복을 입고 다녀서 더구나 남들의 눈에 유표하게 나타나곤 한다. 일거일동이 조심스러우니 남들도 그와는 얘기하기가 조심스러운지 모르겠다.

내가 아내와 나란히 다니지 못한 데는 딴 이유도 있다. 성질이 급하고 거친 나는 아내의 기분이 잡치게 하는 소리를 자주 치곤 했다. 그러니 남부끄럽지 않게 서로 떨어져 다니는 게 편안했다.

어쩌다 일요일에 백화상점으로 같이 갔다. 가도 같이 돌아온 경우는 거의 드물다. 아내가 어찌나 꾸물거리고

깐깐한지 조급해난 나는 견딜 수 없어서 잔소리를 하다가는 나 먼저 집으로 돌아오곤 했다. 갈 때는 같이 떠났다가도 돌아올 때는 제 마끔이다. 그래서 아내가 나에게 "성상각", "리고집"이란 별명 두 개를 달아준 것이다. 어머니가 듣고는 틀린 데가 없다고 맞장구를 쳤다.

대동란이 한 물 지나면서 우리는 한 기관에 있던 부자연스러운 현상에서 벗어나게 되었다. 『연변문예』란 이 작은 쪽배가 깊은 바다에 가라앉았다가 다시 복간됐다. 나는 문학잡지사로 돌아왔고 아내는 연변교육출판사에서 교재편집을 하다가 연변인민출판사 아동문학편집부에서 처음에는 『홍소병(紅小兵)』이라고 부르다가 〈문화대혁명〉이 끝나니 『소년아동』이라고 부른 잡지 편집조에서 일했다.

1983년에 중국조선족사회의 첫 여성잡지인 『연변여성』 잡지사가 창립되면서 부총편으로 임명되었다. 『연변여성』사에서 아내는 가정성분의 사상질곡에서 기적적으로 벗어나 입당을 했다. 아내는 자치주부녀연합회 9명의 상임위원 중 한 사람으로 되었고 길림성 "3·8 붉은기수"로 되기도 했다.

북경 『민족문학』지의 주필이며 몽골족의 저명한 작가 마라친부가 우리 집에 와서 식사를 같이 하며 이렇게 얘기했다.

"우리 중국에 부부주필은 모두 세 개 가정이요. 북경에 두 집, 그 중에 나하고 나의 아내가 다 주필이고 연변에 리상각이와 김세영이 부부주필이지."

아내는 자기가 그 무슨 모범이 되거나 주필이 된 것을 부담으로 느낀 것 같다. 집에서 여섯 식구의 주부가 되고 아이들의 엄마가 된 것만도 과중한데 편집기관의 사업도 이만저만이 아니다. 속 타는 일도 적지 않단다.

아내는 자주 출장을 다니면서 늘 어머님께 미안한 생각을 가졌다. 돌아올 때면 어머님께 선물을 어김없이 사오곤 했다. 나도 출장이 잦고 아내도 출장이 잦다보니 외지에서 우연히 만날 때도 있었다. 나는 시 「아내」를 써서 그를 찬양했다.

문패호주는 내 이름이나
진짜 주인은 당신이 아니겠소

남편의 아내요
시부모의 며느리
아이들의 어머니요
집안의 〈총감〉
기러기 중에도 코기러기지

구두쇠 같은 이 남편이
큰소리나 땅땅 칠 줄 알았지
집일에 곰곰한 당신을 당하겠소
당신이 잠깐 집을 나서도
나는 그저 쩔쩔 맨다오

사회 일도 잘하지
집안 일도 잘하지
한푼도 아껴 쓰며
백 가지를 빈틈없이 돌보지
당신의 더운 정 집안에 넘치지

시부모를 알뜰히 모시고
시동생을 살뜰히 보살피고
아이들을 기르고 가르치고
오는 손님도 공손히 대하는
그 미덕을 내가 모를까

고생을 말없이 묵새겨버리고
노상 웃는 얼굴은 함박꽃송이
잔잔한 말소리는 개울물소리
온화한 성미는 비둘기랄까
참말이지 당신은 우리 집 "천사"요

문패호주는 내 이름이나
진짜 주인은 당신이 아니겠소
"천사"인 당신은 말 그대로
뭐라 하면 좋을까
그렇지, 우리 집 "내무대신"이거든.

—아내(1981. 2)—

남모르는 고통

출판사에 가서도 아내는 남부끄럽지 않게 일을 잘 해 환영을 받았다. 문자에 밝고 책임성이 높아서 교과서 편집에 빈틈없이 일했다. 여공위원을 맡아 가지고 여성사업도 잘했고 출판사 유치원사업도 빛나게 이끌어 나갔다. 연말총화에 선진공작자를 선발한다. 빼어나게 일을 한 아내가 자주 후선인으로 말밥에 오른다.

적지 않은 편집들이 나의 아내를 선진으로 지목하고 있었다. 그런데 편집실을 책임진 노편집이 다른 의견을 내놓는다.

"세영동무가 가정출신과 계선을 나누는 게 어떤가? 어떻게 계선을 나누는지 보여줘야 하잖는가?"

이런 말을 불쑥 내뱉으니 모두들 꿀 먹은 벙어리가 된다. 누가 감히 나의 아내가 계급계선을 나눴다고 담보하겠는가? 이런 엄숙한 문제 앞에서 함부로 말하기를 꺼린다.

문제를 제기한 사람은 자기의 견정한 입장을 보이기 위해서인가? 아니면 질투심에서 한 말일까?

어쨌든 그는 당성이 선명한 관건적인 질문을 던졌으니 그의 신분은 올라가고 나의 아내는 슬픔에 잠기고 군중들은 멍해졌다. 선진으로 되지 못한 것이 마음 아픈 게 아니라 평생 벗어 메칠 수 없는 계급의 쇠사슬이 짓조이는 고통 때문에 속으로 눈물을 삼키는 것이다.

좌적이면 좌적일수록 혁명적이라고 보는 세월, 입장이 견정한 사람일수록 남을 잘 치는 세월, 인정으로 동정조차 할 수 없는 잔혹한 세월, 누가 감히 나서서 변호할 것인가?

자존심이 손상을 받을 대로 받아도 한 마디 말조차 할 수 없고 마음 약한 아내의 그 때 그 장면을 나는 얼마든지 상상해볼 수 있다. 명예에 대해선 꼬물만치도 탐낼 줄 모르는 아내가 왜 속으로 눈물을 삼켰는지 나는 잘 안다.

아내는 자기를 위해서가 아니라 나의 장래를 보호해주기 위해서 열성껏 일했다고 해도 과언이 아니다. 그런데 그게 소용이 있는가? 영원히 붙어 있는 계급의 딱지 때문에 인정을 받지 못하는 자기의 노력이 헛수고로 된다고 생각하니 참으로 슬픈 것이다.

중앙의 고급간부들도 착취계급가정의 출신이 한 둘이 아니지만 그들은 절대적인 권위를 차지하고 있다. 그러나 기층으로 내려올수록 가정출신의 타격이 더욱 심하다. 농촌사회주의교육운동에서 내가 느낀 바이지만 거기서는 중농가정의 자녀들도 타격을 받는다. 갈수록 잔혹한 계급투쟁은 이해할 수 없다.

선진공작자선거에서 받은 마음의 상처가 이만저만이

아닌데 소학교를 다니는 애가 학생등기표에 "외가집 가정성분을 쓰랍니다"라고 한다. 쓰자면 역시 쓰기 싫은 그 "지주" 성분이다.

"이 놈의 성분을 언제 가면 지워버리는가?"

아들, 손자들에게 무슨 죄가 있다고 등기표에까지 부담을 끼치는가?

아무 때건 이 문제를 가지고 나는 글을 쓸 때가 있을 거라고 나는 아내에게 말했다.

"당신은 학생시절에 경제곤란을 받아도 곤란하다는 말을 못했고 자기보다 경제형편이 좋은 학생이 보조를 받아도 당신은 받지 못했는데 지금은 그까짓 선진을 선거하는 데도 이런 괄시를 받는단 말이요?"

아내는 눈물이 글썽해서 말한다.

"우리는 잘못 만난 것 같아요. 애초에 내가 네 가지 조건을 내놓았는데 당신은 경솔히 대했지요."

"그런 말 마오. 난 죽을 때까지 당신을 사랑하니깐. 사람이 진실하면 하늘이 알아줄 거요. 더욱 힘을 내서 일을 하오. 내가 입당을 못하는 건 당신 탓이 아니라 나의 문제 때문이요. 나는 투기적으로 입당할 생각이 없소."

"그래도 생각나는 대로 말해선 안돼요. 때와 장소를 봐서 애기하세요."

겸손과 양보를 가지고 늘 열등감을 지니고 살아가는 아내, 개성적 타격에서 오는 내성적 성격은 갈수록 깊어만 간다.

"가정성분계선"을 제기한 사람에겐 죄가 없다. 온 나

라가 그 모양이었으니까. 좌적인 용사도 죽을 때는 후회를 하겠지.

진실한 아내

1979년에 나는 동료들과 함께 광주廣州로 출장을 나갔다가 돌아오는 길에 상해上海에 들렀다. 아내가 상해로 온 줄 몰랐다. 나는 동료와 같이 대문호 노신魯迅을 기리는 노신박물관으로 가서 참관했다. 시간 가는 줄 모르고 돌아다니다가 저녁 늦게야 호텔로 돌아왔다.

아내가 꿈 같이 호텔에 찾아오지 않았는가! 그는 기다리다 못해 낙심하고 돌아가려던 참이다. 우리가 상해로 왔다는 소식을 듣고 나를 찾았단다. 출판사편집들과 같이 출장을 왔다가 상해에서 나를 찾으러 나선 것이다. 건강이 그다지 좋지 않은 몸으로 그 큰 상해시를 돌아다니느라고 맥이 빠질 대로 빠졌다. 퍽 수척해 보였다. 그는 장염으로 고생한다.

우리 둘이 뜻밖에 만나 악수도 할 궁리를 못하니깐 친구들이 놀려준다.

"거 포옹이라도 해야지. 악수도 잊었는가?"

그래서 우리는 웃으며 어색하게 악수를 했다.

"무산계급연애를 하는구만."

누군가 또 놀려준다.

이렇게 우리는 10분 동안의 상봉을 가졌다. 집에 와서 나는 서랍을 열다가 뜻밖에 아내의 상장을 발견했다. "길림성 3 · 8부녀붉은기수"라는 상장이다.

"당신 언제 이런 대단한 상장을 받았댔어?"

"뭘요?"

"3 · 8부녀붉은기수."

"보지 말아요. 아무 것도 아니에요. 숨겨둔 건데 왜 거기에 있었을까?"

아내는 혼자소리를 하며 기뻐할 대신 난처한 태도였다.

"왜 그런 태도야? 기분 나쁜 일이라도 있었나?"

"그게 무슨 자랑거린가요? 나 혼자 일한 것도 아니고 여럿이 한 일을 나 혼자 영예를 차지한 것 같아서 되려 마음에 부담이 돼요."

아내는 자랑이 뭔지 모르고 늘 참회와 반성을 하며 산다. 누구하도고 다투지 않는다. 여성사업이란 시끄러운 일이 많을 텐데 그렇게도 조용히 기분 좋게 처리해 나가니 많은 여성들의 절찬을 받는다. 나의 성격과는 정반대다. 나는 기분이 나쁘면 줄포를 갈긴다. 아내는 참을 줄 알고 늘 남의 우점을 찾아서 고무해준다. 평소에는 말이 없다가도 남을 가르칠 때에는 조리 있고 설득력이 강하다. 나는 모름지기 아내의 사업 작풍을 따라 배운다.

탐욕을 갖지 않고 명예를 다투지 않으며 남의 어려움을 자기 일처럼 돌봐준다. 여성공회(工會=노조)사업에서도 그는 빛나는 성과를 올렸다.

결혼증

제남濟南으로 출장을 갔을 때 아내도 출장을 나와 제남에서 만나게 되었다. 제남에는 산동대학에서 공부하는 딸애가 있다. 우리는 제일 큰 국영호텔(초대소)에 주숙하기로 했다. 그런데 등기를 하려니 결혼증을 보자고 한다. 결혼을 한지도 수십 년이요, 결혼증을 어디에 보존했는지 알 수도 없는 사정이다.

사정을 해도 소용이 없다. 하는 수 없이 딸애를 불렀다. 딸애가 학교에서 달려와 "빠바(아버지)", "마마(어머니)"하며 반기였다. 그 애는 자기가 산동대학 학생이라며 우리를 부모라고 말했지만 호텔의 나이 지긋한 여복무원은 "안 된다. 규정이니 할 수 없다. 한 방에 주숙시킬 수 없다" 고 딱 잡아뗐다.

사정을 하다못해 그만 짜증이 났다.

"그럼 둘 다 나가라!" 한다.

"별 수 없어요. 당신 혼자만 이 호텔에 주무세요. 난 딸애 숙소에 가겠어요."

언제나 양보하기 좋아하는 아내의 말이다.

우리는 헤어졌다. 전화도 빌려주지 않아 연락을 가질 수 없다. 이틀을 혼자 지냈다. 일요일에 딸애가 엄마와 같이 호텔로 왔다. 내 방에 셋이 앉아 얘기를 한창 나누고 있는데 여복무원이 노크도 없이 문을 뚝 떼고 들어선다.

나의 아내와 딸애를 보고 당장 나가라고 한다.

“오랜만에 연변에서 오신 아버지 어머니를 만났는데 왜 얘기도 못하게 하느냐?” 딸애의 부르튼 소리다.

“안 된다. 나가라!” 여복무원의 명령조이다.

내가 그만 홧김에 소리를 질렀다.

“야, 야 시시껄렁하다. 나도 너희들 대학숙소에 가겠다!”

아내가 질겁을 한다.

“딸애 침대에서 둘이 자는 것도 불편한데 당신 잘 데가 어디 있어요?”

“그럼 돌아가는 수밖에 없군.”

우리는 견우와 직녀처럼 집으로 돌아와 생각하니 코웃음이 나간다. 그처럼 엄격한 제도가 있어도 그때 비법 동거한 녀석들이 없었겠는가? 그 자식들 때문에 괜히 합법적인 부부가 죽을 고생을 했다.

1980년대에 일어난 일이다. 20여 년이 지난 지금은 호텔이 많아서 간데 족족 자기네한테로 안내하느라 법석을 떨어 옷이 찢어질 지경이다. 나는 어찌나 혼쭐이 났던지 거들떠보지도 않던 결혼증을 끝내 찾아내어 아무 때건 출장을 가게 되면 지니고 다니리라 생각했는데 어딜 가

나 결혼증을 보자는 사람이 없다. 그만 일이 싱겁게 되고 말았다.

공직에서 물러난 아내

"유일성분론이 아니다"라고 말했지만 사실은 "유일성분론"으로 사람을 못살게 굴었다가 등소평이 시대의 키를 잡은 새 시기에 들어와서야 "유일성분론"을 죄다 뒤엎은 것이다. 가정출신의 딱지를 떼버린 것이다. 이 덕을 제일 많이 받은 사람은 나의 아내이다.

아내는 부녀사업과 여성잡지 편집사업에서 훌륭하게 처사했다. 『연변여성』지를 편집들과 함께 본때 있게 꾸린 데서 발행부수가 굉장히 오르고 독자들의 사랑을 받았다.

남성 총편이 중병에 걸렸으므로 제2지도자인 아내가 대리로 총책임을 맡게 됐다. 누구를 정총편으로 임명할 것인가?

대리로 총책임을 맡은 아내를 고려할 건 뻔한 노릇이다. 그러나 아내는 벼슬을 싫어한다. 자기보다 젊고 또 대학을 나온 사람, 실력이 있는 다른 이를 총편으로 임명해줄 것을 여러 번 제출하였다.

아내는 끝끝내 총편자리를 사양했고 얼마 안 지나 집

에 와서 날 보고 또 이렇게 말했다.

"아마도 제가 앞당겨 퇴직해야 할 것 같아요."

"무슨 소리요? 일찍 퇴직하면 월급이 더 오르지 못하오."

"제가 퇴직하지 않으면 다른 사람이 고급직함을 받지 못하게 돼요. 제가 퇴직해야 지표가 있게 돼요."

하더니 아내는 1992년에 앞당겨 퇴직했다.

"남을 다 돌보며 살자니 얼마나 힘들겠소?"

출판사의 여성 한 분이 날 보고 아내를 말하는 것이 무슨 소린가 했더니 아내는 참말로 그렇게 사는 사람이다. 사람들은 날 보고 나의 아내가 나보다 낫다고 한다. 듣기 좋게 하는 말이겠지, 무엇을 보고 하는 말일까? 인물도 마음씨도 재간도 다 나보다 낫다고 한다. 나야 상큼한 코밖에 있는가 한다. 그래도 남자가 남자겠지, 하고 나는 자아위안을 해보기도 한다.

사실 나는 창작에서 아내의 도움을 늘 받는다. 첫 독자는 아내다. 문자에 밝은 아내는 내 작품을 필기도 하고 수개도 해주곤 했다. 내가 잘 모르는 단어는 아내에게 묻곤 했다. 나의 문자수준은 아내보다 못하다. 아내는 나의 글에서 거친 구절을 손질해 주었고 유일어를 찾아주기도 했다. 작품에 대한 의견도 제기해 주곤 했다. 아내는 글씨도 나보다 여물지고 이쁘니깐 재필기를 아내가 맡았다. 이리하여 매끈하게 다듬어진 글은 거개가 다 아내의 노력이 합쳐진 것이다.

"이젠 당신이 공직에서 물러나 할 일이 없으니 나하고

같이 글이나 쓰기요. 내 글을 책임져주오."

내 말에 아내는 고개를 끄덕이었다.

시아버지와 며느리

1965년에 아내는 연길 서시장에 갔다가 작은 도리상 하나를 사들고 왔다. 시아버지 밥상을 사온 것이다. 이 작은 밥상은 참말 예쁘고 단단해서 수십 년이 지났는 데도 그대로 보존되어있다.

아버지가 너무 반가와 자꾸만 손으로 어루만져보신다. 식구가 많아서 큰상에 둘러앉기가 불편한데 시아버지의 심정을 헤아려보고 아내가 사온 것이나. 여러 날 장으로 드나들다가 우연히 마음에 드는 도리상을 만난 것이다.

비록 밥 한 그릇 멀건 국 한 그릇, 김치 몇 조각 놓아도 아버지는 달게 잡숫고 흡족해하신다. 거기에 해어 한 토막 놓으면 더욱 즐거워하신다. 아버지는 세상을 뜨실 때까지 이 도리상에서 진지를 잡수시면서 며느리에게 고마운 생각을 가졌다. 나도 미처 생각 못한 것을 꼼꼼한 아내가 시아버지 마음을 헤아리고 사온 것이어서 우리 집에서는 둘도 없이 귀중한 유물이다.

남들은 자기 아내에게 경대鏡臺를 사주는데 나는 손거울 하나 사준 일이 없는 것이 마음에 걸렸다. 백화에 가서 극상 산다는 것이 책상 위에 놓는 두 뼘짜리 거울 하나였다. 내 수입이 적으니 별 수 없었다. 그런데도 아내는 그것이 그리도 고마워서 입을 다물지 못한다.

그 거울을 산 지 30여 년이 지났는 데도 여태 보존되어 있다. 경대는 1990년대에 와서야 갖추게 됐다.

어느 날 아버지가 날 앉혀놓고 꾸짖었다.

"너 왜 아내를 때렸어? 할 말이 있으면 말로 할거지 손을 대다니?"

아버지는 노여워서 어성을 높였다.

"무슨 말씀이세요? 때린 적 없는데요."

"맞지 않았으면 공소를 하겠냐?"

"그 사람이 말합데까? 잘못 들으신 게 아닙니까?"

나는 아무리 생각해도 손찌검을 한 생각이 나지 않는다. 내가 아무리 성질이 급해도 조용하고 어딘가 도고한 아내에게 손을 댈 엄두도 못 내는데 이거 너무 억울하다. 우리는 평생 싸워본 일이 없다. 손뼉도 마주쳐야 소리가 난다. 내가 휘두른 손에 세영이가 응하지 않으면 소리가 나겠는가? 게다가 어르신의 눈치 때문에 소리 한 번 쳐보지 못했다.

저녁에 자리에 누워서 조용히 아내에게 물었다.

"당신 왜 거짓말을 했어?"

"거짓말이라구요?"

"그래, 당신 언제 나한테 매를 맞았나?"

"내가 당신 주장을 받아들이지 않는다고 빗자루를 든 적 없어요?"

"있지. 그러나 소리만 쳤지 때린 적 없어."

"잘 생각해보세요."

그제야 나는 정신이 피뜩 들었다. 내가 빗자루를 들고 떠들다가 그만 빗자루 끝이 아내의 치마 끝에 부딪쳤다. 그걸 가지고 때렸다고?

"앞으로는 우리들의 일을 부모님께 고발하지 말아."

"성상각씨는 아무 때건 폭발할 수 있으니깐 미리 경고를 내린 거예요."

나는 그만 웃고 말았다. 남들은 시부모가 부부싸움을 붙인다는데 우리 집은 부모님이 며느리 역성을 들어주는 감시꾼이다.

춘향을 봤다

전라도사람들이 이민을 온 남도촌으로 민간문학수집을 갔었다.

새벽에 혼자 산책을 나갔다. 아가씨들이 동이를 끼고 물 길러 가고 있었다. 문득 길섶이 환해지는 것을 느꼈다. 어찌나 예쁜지 한입으로 말할수 없는 미인이 물 길러 간다. 웃는듯 마는듯, 수집어하는듯 마는듯, 가벼운 걸음걸이, 가벼운 몸짓 참으로 보는 사람을 황홀케 하는 춘향 같은 미인이다.

숙소에 돌아와 "나는 오늘 춘향이를 봤다."고 떠들었다.

"그럼 왔던 김에 백년가약을 맺소. 눈요기나 해서 무슨 소용이 있소?" 하고 친구들이 놀려준다. 나는 이미 결혼한 몸이고 아들애까지 있는 사람으로서 그저 말이 그렇다는 말이다.

벽계수 구경을 나갔다가 모래바닥이 들여다보이는 물이 좋아서 미역을 감으려고 풍덩 뛰어들어갔다. 때는 5월이라 금방 얼음이 녹은 때여서 뼈가 끊어지는듯 하더니 차차 추운줄 몰랐다.

마을로 돌아와 나는 그만 촉한에 걸려 구토설사를 했다. 민심이 후한 촌민들은 산에서 잡은 멧돼지고기반찬에 찰떡을 쳐서 우리를 대접했지만 나는 먹을 수 없었다. 온 마을이 모여서 춤추고 노래를 하는데도 가지 못했다.

친구들이 돌아와 "춘향이도 춤추러 왔겠는데 암만 봐도 어느 아가씬지 모르겠더랑이." 하고 날 놀려준다.

김례삼 원로시인이 날 보고 "그 춘향이가 동무 애인보다 더 곱습데?" 하고 묻는다.

"말이 그저 그렇단 말입니다." 내가 어물쩍하게 넘겼다.

남도촌 춘향이를 본 인상은 지금도 사라지지 않는다. 나는 진짜 미인은 시골에 있다고 믿는다.

모호한 짝사랑

짝사랑이란 개념이 모호하다. 어디까지면 짝사랑이고 어디까지면 아닌지 알 수 없다. 언젠가 한 친구가 자기는 열세 살 때 연애를 한적이 있다고 말했다. 어떤 연애를 했는가고 물으니 "둘이 길을 가며 얘기했다."고 한다. "그런 것도 연애인가?" 내가 놀려주었다.

요즘에는 무슨 소학동창회니 중학동창회니 하고 모여서 술을 마시고는 짝사랑을 했던 사람을 끌어안고 울고 불고 한다는 얘기를 들었다.

나는 짝사랑을 해본적이 없다고 여겼는데 이런 말을 자꾸 들으니 얼떨떨해진다. 나도 어릴적에 짝을 지어 춤을 추던 소녀가 있었다. 예쁘장하고 웃을 때는 보조개를 짓는다. 같이 숨박곡질을 놀기도 하고 새롱해서 그 애를 울리기도 했다. 갈라진 후에는 보고 싶었다. 나이가 들수록 옛동창생을 만나고싶었다. 이만하면 짝사랑이 아닐가? 내 마음의 비밀인것 같기도 하다.

어느 날 아내가 뜻밖에 물었다.

"요즘 짝사랑애기가 많은데 당신도 짝사랑을 한적이

있어요?"

"미한해 있었지." 나는 어릴적 얘기를 했다.

아내가 키득거린다.

"그런게 다 짝사랑인가요? 우정이지 당신은 우정과 애정을 혼돈해요."

그제야 나는 너그러운 아내 덕분에 모호한 짝사랑개념을 깨친듯 하다.

꿈

일흔을 바라보는 나이인데도 나는 밤이면 날아다니는 꿈을 꾼다. 아내는 내 키가 크느라고 날아다니는 꿈을 꾸는 모양이라고 놀려준다. 나이가 들면 키가 줄어드는데도 말이다.

꿈이 뭔지 모르는 아내는 나를 부러워하며 자기는 꿈에 날아다니는건 싫고 먼곳의 외손녀나 봤으면 좋겠다고 한다.

한번은 내가 날아다니는 꿈을 꾸다가 침대에서 굴러떨어진적이 있다. 땅을 구르고 솟아올라 힘있게 팔을 저으며 이집저집 지붕을 넘어서 하늘로 훨훨 높이 날았다. 독수리처럼 빙-돌면서 멋을 부리다가 그만 땅으로 내려가는 바람에 두다리를 잽싸게 놀리며 팔을 저으니 다시 올라가서 구름속으로 들어간다. 내가 노래를 지어 부른 두루미들이 동무하여 같이 날아온다. 나는 너무 좋아 히죽히죽 웃다가 몸이 땅우로 꼰지는 바람에 쿵 하는 소리와 함께 내가 침대에서 굴러떨어진 것이다.

"당신 상하지 않았어요?"

아내가 놀라며 일어난다.

"괜찮소."

"밤낮 꿈이요, 하늘이요 하는 시를 쓰더니…안되겠어요. 잠자리를 바꿉시다."

나는 아내와 잠자리를 바꾸긴 했지만 여전히 하늘을 나는 꿈을 꾸고 아내는 외손녀를 보는 꿈을 꾸지 못해서 아쉬워한다.

부탁

아내가 남새를 다듬으며 부탁한다.

"요즘 수돗물이 자꾸 끊어져요. 물을 받아주세요."

"그러지." 글을 쓰면서 내가 대답했다.

아내가 또 말한다.

"물을 받아놓으세요."

"알았어."

이윽고 아내가 또 말하니 짜증이 났다.

"귀머거린줄 아오? 들었다는데두?"

아내는 입을 다물어버렸다.

글을 다 쓰고나서 기지개를 켜며 일어섰다.

"물을 받아놨어요?"

"물?" 그제야 나는 수도꼭지를 틀었다. 물이 나오지 않는다.

"물이 갔구만. 당신 왜 진작 말하지 않았어?"

아내는 억이 막혀 말을 못한다.

"여러번 부탁한다고 짜증을 내구선 그렇게 얘기해요?"

그뒤로 아내는 나에게 부탁하는 일이 거의 없어졌다. 서울에 감투 부탁이니깐.

바나나

어머니는 바나나를 무척 좋아하신다.

그러나 나는 바나나가 어쩐지 옥수수장의 비릿한 냄새가 나는것 같은데다가 맛이 넉넉해서 그것이 아무리 영양가가 높다 해도 먹을 생각을 좀처럼 가져보지 못한다.

출장을 갔다가 돌아오는 길.

병원 문앞 길가에서 바나나를 파는 사람이 있었다. 많은 사람들이 모여들어 사길래 값이 얼만가고 물었더니 한근에 2원 50전, 상점보다 싸다.

사람들 틈을 비집고 들어가 다섯 근을 사가지고 집으로 돌아왔다.

어머니가 반가와하며 바나나를 받아든다.

"자기는 바나나를 좋아하지 않으면서 이렇게 날 주자고 사왔군."

웃으시며 바나나주머니는 몇 번 들었다놨다 하신다.

"몇 근이지?"

"다섯 근입니다."

"다섯 근? 이런 날치가 다 있어?"

"왜서요?"

"이거 두근 좀 남짓이 돼. 속히웠어."

나는 그만 속이 화끈 달아오른다. 내딴에는 효성을 보이느라 했는데 저울눈에 속히웠으니 화가 나도 이만저만 아니다.

이세상 누구도 울 어머니를 속이지 못한다. 쌀이며 남새, 고춧가루, 쌀가루 등속을 어머니는 저울이 아니래도 그 무게를 신통히 알아낸다. 무게를 알아내는 정확도가 몇 냥 까지도 틀림없다.

"근 서근이나 모자라는걸 속히운줄도 모르고 들고 오다니?"

"그 자식 찾아가 혼찜검을 줘야지."

나는 바나나주머니를 들고 부리나케 문밖으로 나섰다.

"언녕 자리를 옮겨갔지 펄쩍하니 그 자리에 있겠어? 그만두게."

어머님의 말씀을 뒤에 두고 나는 바삐 걸어가다가 상점에 들려 바나나를 저울에 달와봤다. 틀림없는 두근 석냥, 그러니 두근 일곱냥 값을 더 준 셈이다. 상점아가씨들이 내 말을 듣고 놀라서 혀를 끌끌 차기도 한다. "5근과 2근을 눈짐작으로도 몰라보세요?" 하며 킥킥 웃기도 한다.

"난 물건을 살 때 남을 의심할 줄 모르고 그저 주는대로 가지는 버릇이 있소." 하고 변명을 했지만 어리석은 자신이 좀 부끄럽기까지 하다. 그 자식을 붙잡기만 하면 톡톡히 분풀이를 해야지 하고 별렀다.

때마침 아내가 퇴근길에 역시 바나나를 사들고 온다.

"어디서 샀소?"
"병원 앞에서요."
"당신도 속히웠어."
나는 다짜고짜로 아내를 데리고 상점에 다시 들어가 바나나를 저울에 달아보았다. 역시 엄청나게 속히운것이다.
아내와 같이 병원앞으로 뛰어갔다. 장사꾼이 그 자리에 그대로 있다. 숱한 사람들이 바나나를 사고있다. 나는 홧김에 한손으로는 장사꾼의 팔을 거머쥐고 한손으로는 저울대를 빼앗고 말했다.
"너 솔직히 말해. 이 저울이 가짜지. 파출소로 가자. 너 저울눈 속여서 파는 법 어디 있어? 벌금을 내든지 구류소로 가든지 해야겠다. 가자."
돌발적인 나의 행동에 사람들이 어리둥절해 있다.
"이 저울이 가짜라구? 아이구, 나도 속히웠구나."
사람들이 샀던 바나나를 내놓는다.
내가 두근 석냥을 다섯근으로 속히워 샀다 말하니 구경꾼들은 어이가 없어서 허허 하고 웃기까지 한다.
솔직히 말해서 나는 이런 불법분자들을 어디로 끌고 가는지 모르고 그저 부르기 좋은 파출소로 가자고만 했다.
"따거(형님), 한번만 용서해주십시오. 돈은 다 되돌리겠습니다. 바나나는 그저 가져가십시오. 한번만 돌봐주십시오."
"내가 네 바나나를 그저 먹자고 하는 사람인줄 알아?

너 같은 놈 톡톡히 경을 치르게 해야겠다."

내가 소리를 지르는데 한사람이 불쑥 나선다. 짝패인지 알수 없다.

"당신 무슨 사람이요? 왜 함부로 사람을 붙잡는거요?"

내 마음이 섬찍하다. 이런 때에는 자기 신분을 보이고 이런 자를 눌러놔야겠다. 나는 기자증을 꺼냈다.

"나쁜 짓을 하는 자들 문제를 파내는 기자다. 이건 나의 직책이야. 알아두라. 기자가 아니래도 누구나 나쁜 짓을 적발할 권리가 있다. 여러분 그렇지 않습니까?"

"옳습니다."

구경꾼들이 이구동성으로 대답한다. 나를 억누르려던 자가 슬그머니 사라지고 장사꾼은 자꾸만 빌고 또 빈다.

"팔지 않을 터이니 용서해주십시오."

보아하니 장사꾼은 마음이 여린 것 같다.

나는 돈을 돌려받고 바나나를 돌려주었다. 이 장사꾼은 근근득식으로 살아가는 사람이 아닐가. 슬그머니 측은한 생각이 든다.

"다시는 이런 짓을 하지 말아."

"예, 예. 알았어요. 감사합니다."

우리는 돌아오다가 상점에 들려 바나나를 새로 사가지고 집에 들어섰다.

이런 일이 있은 뒤 다시는 길가의 떠돌이장사꾼한테서 아무 것도 사지 않기로 마음을 먹었다.

그러나 며칠 지나 나는 길가에서 파는 물건이 마음에 들면 바나나를 사던 생각은 까맣게 잊고 즉흥적으로 제꺽 사들고 집으로 돌아오군 했다. 알고보면 또 속히운 것이 분명하다.

저울을 뜰 때 장사꾼은 새끼손가락으로 저울대머리를 살짝 건드린다는 말을 들었다. 눈을 크게 뜨고 장사꾼의 손동작을 살펴봤지만 알아낼 수 없다.

그렇게 손동작으로 속이는건 때가 지난 것이란다. 저울대 머릿속에 못 하나를 박아넣는다고 한다. 그래서 은근히 장사꾼의 저울대를 눈여겨 살펴봤지만 역시 박아넣은 못을 발견하지 못했다.

누군가 나에게 이렇게 말한다.

"저울눈 속이는거야 간단하지요. 저울추 밑을 갈아서 알리지 않을 정도로 저울추를 작게 만들지요. 그러면 저울대가 쑥쑥 올라갈게 아닙니까?"

이처럼 저울도 사람눈을 속이니 세상에 누굴 믿고 살겠는가?

분해서 나는 즉흥시 한 수를 지었다.

> 눈, 눈 뜨면
> 껌쩍이는 눈,
> 눈, 남의 눈 속이자고
> 언뜩이는 가짜눈, 저울눈

졸시 한 수를 지어놓고 나는 저도 모르게 한숨이 나갔다.

"밉쌀스러운 저울. 외국처럼 저울을 없애버리면 좋겠다."

"저울만 사람을 속이는게 아니지."

친구가 나에게 말한다.

"요즘 나는 장에 가서 고춧가루를 사왔지. 집사람이 그걸 물에 넣어봤어. 고춧가루는 물우에 뜨고 옥수수가루는 물밑에 가라앉는게 아니겠나. 그길로 장에 가서 그 장사군아주머니에게 톡톡히 망신을 줬어."

그렇다면 저울을 없애도 가짜는 여전히 있을게 아니냐. 아- 우리가 인생을 살아가는 동안 남에게 얼마를 더 속히워야 가짜가 사라질건가. 서글퍼지는 마음이다.

온몸의 맥이 쑥 빠지는 것을 어쩔수 없다.

병원 의사의 말

내가 병원으로 신체검사를 갔을 때다. 의사가 날 보고 말했다.

"어제 사모님께서 병 보러 다녀갔습니다."

"우리 집 사람 병세가 어떻습니까?"

"노년에 병이 없는 분 어디 있습니까? 그만해도 괜찮습니다."

의사는 나를 위안하느라 듣기 좋은 말을 한다. 아내는 젊어서 폐를 앓았고 중년에는 기관지염으로 찬바람만 맞으면 줄기침을 한다. 또 결장염이 엄중해서 하루에 몇 번씩 화장실을 드나든다. 노년에는 요추간판돌출이 생겼다. 경추염도 있다. 그밖에 간, 심장, 신장이 다 정상적이다. 개중에도 가장 엄중한 것은 식물성신경문란증이다. 발작하면 걷지 못하는 건 더 말할 것도 없고 팔을 들 수 없으며 심할 때는 눈도 뜨지 못한다. 한창 사업을 할 때에는 아프다는 말이 별반 없더니 퇴직한 뒤에 아프다는 데가 많다.

의사선생이 말했다.

"사모님이 이렇게 얘기했어요. 자신이 아픈 건 별문제지만 집사람들에게 부담이 되는 게 걱정된다고, 어떻게 집식구에게 부담되지 않게 살다가 갔으면 좋겠다고 했어요. 자기보다 집식구부담을 걱정하는 병자는 처음 봅니다. 어쩌면 마음이 그렇게도 곱습니까?"

내가 집에 와서 아내에게 이 말을 옮겼더니 아내가 또 이렇게 말한다.

"난 이마큼 살면 잘 살았어요. 만족스러워요. 난 부모를 잘 만난 것이고 남편을 잘 만났어요. 나만큼 행복한 사람도 드물 거예요."

마치 천상병시인의 시 「귀천」에서 듣는 소리 같다. 잠시 말을 끊었다가 이런 놀라운 이야기를 한다.

"지금은 개방시대예요. 저 때문에 부담을 갖지 마시고 광범히 여성들과 사귀세요. 그저 병만 묻혀가지고 다니지 않으면 돼요. 즐겁게 사세요."

그게 진심일까 아닐까, 떠보는 말일까? 어쩌면 이렇게도 자존심이 없는 말을 할까? 남편이 바람을 피우는 걸 알고도 성내지 않을 것 같은 아내. 내가 이런 아내와 평생을 살고 있다는 자신이 놀랍다.

나도 사나이다. 인간 세상에서 왜 다른 여성들과 사귀지 않겠는가? 아내는 나의 사회활동을 훼방 놓거나 질투할 대신 유쾌한 생활을 하지 않을까봐 도리어 이런 말을 해준다. 참으로 천사 같은 아내다. 선량한 마음에 먼지 하나 끼지 않은 아내다.

나는 시 「집안의 해」를 썼다. (한국식 맞춤법대로 "아내"라 표기하면 시의 핵이 사라지므로 여기서는 중국조선어 맞춤법에 따랐다.)

우리 집안의 해
당신을 나는 안해라 부른다

당신이 내 곁에 있으면
집안이 환해진다
집안이 환해진다

당신이 훌쩍 떠나면
집안이 캄캄해진다

—「집안의 해」—

반세기가 지나서야 알게 된 이야기

손꼽아 헤어보니 약혼을 해서부터 지금까지 반세기 나마 흘러갔다. 반세기 인생살이에 우리는 한스러운 일도 있었지만 달콤한 사랑과 즐거운 삶을 더 많이 누린 것 같다. 이리하여 나의 시세계에는 인생의 쾌락과 아름다운 미래를 동경하는 시정으로 넘친다. 남부럽지 않은 삶을 누린 것 같다.

헌데 몇 해전부터 아내의 몸에는 이상이 생겼다. 갑자기 건망증이 나타나고 방향신경에 문제가 생겼다. 노화가 아내의 정신세계의 문을 닫는다. 큰 병원을 돌아다니며 진찰하니 신체에는 아무런 문제가 없다고 한다. 사회활동을 적극적으로 많이 해서 노화를 방지하라고 한다.

그래서 별반 같이 다니지 않던데로부터 이제는 매일 손을 잡고 한두 번씩 강변을 산책한다. 우리를 알아보는 사람들은 "참 노년에 서로 사랑하는 모습이 부럽습니다" 하고 칭찬을 한다. 남은 속타는 줄 모르고 말이다.

나는 퇴직한 뒤에도 회의가 많고 출국이 잦다. 이럴 때마다 거의 아내와 동행한다. 둘이 같이 미국에 다녀왔고 모국의 고향에 가서 나의 망향시낭송회도 가졌다.

금년에는 님이 태어난 해림에도 다녀왔고 교사생활을 했던 발해진에도 다녀왔다. 나의 모교인 밀산중학교창립 60돌에도 다녀왔고 동녕시에 가서 동창생모임에도 참석했다. 먼 여로의 피로 때문인지 사유가 더욱 혼란해져서 동창생을 잘 알아보지 못한다. 50년에나 갈라졌던 친구이니깐 그럴수도 있겠지 하고 자아위안을 해보지만 아무리 같이 뛰어다녀도 별반 뚜렷한 치료효과가 나타나지 않는다.

발해진 중학교에는 님의 절친한 친구 이경희선생이 계신다. 경희선생이 날 보고 "이선생님, 대학을 다닐 때 세영선생이 돈 15원을 보낸적 있지요?" 하고 묻는다.

"옷을 보내면서 월병을 보내고 돈을 보낸적 있습니다."

"세영선생이 용돈을 보내겠는데 돈이 나올 데가 있어야지요. 생각하다 못해 치마를 팔았어요. 그게 15원이예요. 그 돈을 보낸겁니다. 나도 그때 세영선생을 본받아 옷을 팔아 대학에서 공부하는 남편에게 돈을 만들어 보냈어요."

아, 우리의 아내들, 민족 여인들의 마음씨가 이렇게도 어여쁜가. 나는 반세기 지나서야 알게 된 이야기를 들으며 콧마루가 찡해났다.

거친 돌이 물을 만나 이뻐지는 그 여울물소리가 귀전을 맴돈다. "그대는 달"이니 "집안의 해"니 하고 사랑을 읊조리던 나는 갑자기 허무해지는 자신을 어쩔 수 없다.

천사같은 님이 이제는 병마에 시달리는 육체만 남고 그 아름다움은 어디로 떠나려는가. 나는 눈물로 얼룩진 서러운 하늘에 님 찾아 날아예는 외로운 새가 된다. 그저 추억으로 살면서 님을 위해 이 작은 사랑의 책 한 권을 만들어드린다.

해설 |

아내에게 바치는 사랑노래

단기 4340년(서기 2007년) 중추절仲秋節에
황송문 적음

지고지선至高至善이라는 말이 있는가 하면, 지순지결至純至潔이라는 말도 있다. 지극히 착하고 깨끗하다는 말이다.

이상각 선생님의 에세이집 『그대는 달』을 상재上梓하는 차제에 문득 떠오르는 게 바로 앞에서 열거한 두 단어였다. 그만큼 이상각 선생님은 착하고 순결한 분이다.

올해 고희古稀에 즈음하여 이 순애보(그대는 달) 책을 부인 되는 김세영金世榮 여사께 만들어 드림으로써 다소나마 위로가 되게 한다는 데에 가슴이 찡하게 울렸다.

이상각 시인의 글을 읽으면, 그것은 중국조선족 문인들의 글을 모두 읽는 기분이 든다. 그만큼 이상각 시인은 중국조선족 문인들을 대표하는 전형이요 축도라 할 수 있다. 그가 그 지역사회의 문단에 있어서는 산 증인이기 때문이다.

나는 그 분의 언행을 통해서 감명을 받기도 했는데, 특히 작년에 한국을 찾았을 때는 신선한 충격을 받기도 하였다. 그렇게 총명하고 영민할 수가 없던 사모님께서 치매라는 정신장애로 고생하시는 것을 보았기 때문이다.

그 때 이상각 선생님께서는 김세영金世榮 여사께서 엉뚱한 행동을 하시더라도, 그래서 속에 상할 대로 상하더라도 일언반구의 짜증을 내는 일을 보지 못했다. 내가 그 지경이라면 참기 힘들었을 텐데…하고 마음으로 혀를 내두른 적이 있었다.

나는 이상각 선생께서 김세영 여사에게 대하는 모습을 보고 스스로를 반성하게 되었다. 내자가 저렇게 행동한다면 나도 저렇게 너그럽게 대할 수 있겠는가 하고.

이상각 선생님의 시와 함께 실린 이 에세이집은 피로 쓰거나 눈물로 쓴 '순애보殉愛譜'라 할 수 있다. 중국조선족 대표시인 가운데 한 분인 이상각 선생님의 '순애보'가 읽혀짐으로써 그동안 양풍洋風에 편승하여 편식된 식습관에 젖어있던 우리가 순수한 고유 언어를 찾고, 산성화된 마음 밭을 알칼리성 토양으로 기름지게 바꾸는 객토(客土)가 이루어지기를 바란다.

이 에세이는 『문학사계』 17호(2006년 3월)부터 20호(12월)까지 4회에 걸쳐서 연재를 마친 내용을 집성한 책이다. 많은 독자들로부터 사랑 받기 바란다.

그대는 달

리상각 에세이집

초판인쇄 / 단기 4341년(서기 2008) 2월 15일
초판발행 / 단기 4341년(서기 2008) 2월 21일
지 은 이 / 리상각
발 행 인 / 황송문
편 집 장 / 지창영
발 행 처 / 문학사계
150-196 서울시 영등포구 문래동 6가 56-1
미주프라자 B-102호
전　화 / 016-561-5773, 팩스 / (02) 2637-9759
등　록 / 2005년 9월 30일 제318-2007-000001호

ISBN 89-957259-5-5 03810

값 7,000원

● 배포처 자유문고 (02) 2637-8988